KB053306

The Working Poor

워킹푸어

WORKING POOR

by Takashi KADOKURA

Original Japanese edition published by Takarajimasha,Inc.
Korean translation rights arranged with Takarajimasha,Inc.
through Shinwon Agency Co., Korea
Korean translation rights (c) 2008 by Sun Media

이 책의 한국어판 저작권은 신원 에이전시를 통해
Takarajimasha.Inc.와의 독점계약으로
선미디어/상상예찬(상상나무)에 있습니다.
신 저작권법에 의해 한국 내에서 보호를 받는 저작물이므로
무단전제 및 복제를 금합니다.

THE 워킹푸어
WORKING
POOR

카도쿠라 다카시 지음 | 이동화 옮김

상상예찬

　이 책에서는 일본에서 매년 심각해지고 있는 '워킹푸어(Working Poor)' 문제에 포커스를 맞춰 많은 통계 데이터와 실제로 '워킹푸어' 상황에 빠진 사람들의 사례를 소개하면서 여러 방면으로 고찰해보았다. 1950년대부터 1970년대에 걸쳐 기적적인 고도성장을 이룩해 현재 아시아에서 가장 풍요로운 국가로 불리고 있는 일본에서도, '워킹푸어'로 전락해 남몰래 괴로워하며 버둥거리는 사람들이 상당수 존재한다.

　나는 문득 이 책을 읽은 독자 여러분은 어떤 생각을 했을지 궁금하다. 비정규직으로 일하는 사람 중에는 '나와 비슷한 경우에 놓인 사람들이 이렇게 많을 줄이야…' 라며 놀랐을지도 모르고, 혹은 자신처럼 고통 받고 있는 사람들이 이 세상에 너무나 많다는 사실에 조금은 든든한 마음을 가졌을지도 모르겠다. 또 어쩌면, 정규직으로 든든한 직장을 가진 사람 중에는 '우와, 세상에는 수입이 이렇게 적은 사람도 있구나. 엘리트로 일하는 나와는 전혀 상관없는 얘기군' 이라고 생각했을지도 모르겠다.

　현재 더 없이 안정적인 직업을 가졌더라도 '워킹푸어'는 결코 강 건너 불구경이 아니다. 정규직, 비정규직에 관계없이 일하고 있는 모든 사람은 언제라도 '워킹푸어' 상황에 빠질 위험을 안고 있기 때문이다. 예를 들어 정규직이라 하더라도 기업의 종신고용제도 유지가 어려워진 현재는 그러한 위험요소와 관계없다고는 할 수 없다. 실제로 이 책에서 소개한 바와 같이 이제껏 정규직으로 열심히 일하던 사람이 회사의 구조조정 등으로 인해 돌연 '워킹푸어'가 되어버린 사례는 생각보다 많다.

물론 '풍요롭다'는 기준은 개인의 가치기준에 따라 해석할 문제이며, '수입이 적다고 해서 큰 문제로 삼을 필요는 없다. 마음이 풍요롭다면 수입 같은 건 관계없어'라고 생각하는 사람 역시 있기 때문이다. 하지만 4인 가족의 수입이 연간 2백만 엔(원화 약 1천6백만 원)에도 미치지 않는, 혹은 연간 1백만 엔(한화 약 8백만 원)도 되지 않는 곤궁(困窮)하고 비참한 상황에 빠진다면, 원래 국가에 의해 보장되어야 할 '건강하고 문화적인 최저한도의 생활을 영위할 권리'는 어떻게 될까? 어느 날 갑자기 오늘이나 내일의 끼니 걱정을 하지 않으면 안 되는 상황에 빠져도 '마음이 풍요롭기 때문에 돈이 없어도 문제없다'는 느긋한 말을 할 수 있는 사람은 없다.

한 사회에서 '워킹푸어'가 증가하는 것은 '워킹푸어'에 빠져버린 사람만의 문제가 아니다. 또한 앞으로 '워킹푸어'의 증가 현상에 따라 일을 하는 모든 사람들은 큰 타격을 받게 된다. 왜냐하면, '워킹푸어'인 사람들은 충분한 소비생활을 하는 것이 원천적으로 불가능하기 때문에 국내의 개인소비 역시 부진하게 만든다. 즉 줄어든 소비로 인해 상품이나 서비스 역시 팔리지 않게 되므로 기업의 생산 활동 역시 정체된다. 수요 감소는 곧 생산 감소를, 다시 수요 감소라는 연쇄작용(Spiral)이 발생하기 때문에 나라 전체의 축소 균형화 역시 초래된다.

물론 소득격차가 벌어져 가난한 사람들이 소비하지 않게 된다 하더라도 힐즈(Hills)족[주1] 같은 부유층이 증가한다면 전체적으로 개인소비가 뚝 떨어질 일은 없을 것이라고 말하는 사람도 있다. 하지만 이 부분에서 한 번 더 생각해보기 바란다. 부유층 사람들이 자신들이 원하는 모든 것을 소유했을 경우, 더 이상 소비할 필요가 없게 된다는 결론을 가질 때, 가난한 사람이 증가하는 것이 나라 전체의 개인소비를 억제하는 요인이 되는 것은 아닐까? 게다가 수입이 극단적으로 부족한 상태에서 생활도 불안정한 '워킹푸어'들은 결혼을 한다고 해도 정상적인 가정을 이루기 어렵다. 결국 이런 문제들은 저출산 문제까지 한층 더 심화시킨다.

'워킹푸어'의 증가는 정부의 세수(稅收)에도 마이너스 영향을 미친다. 세금을 내는 것이 불가능한 계층이 증가한다면, 그렇지 않아도 어려운 상태에 있는 정부의 재정은 더욱 악화될 것이고, 결국 재정재건을 위해 세수를 늘리려 한다면, 그

부담은 풍요로운 사람들에게 더 많이 부과될 수밖에 없다. 즉 가난한 사람들의 증가는 풍요로운 사람들에게도 중대한 문제가 된다.

현재 자신이 정규직으로 일하고 있다 해서, 안정적인 수입을 얻고 있다 해서 또는 넉넉한 수입이 보장되어 있다고 해서 나와는 관계없는 일이라 생각하지 않았으면 한다. 이 책의 내용에서 소개한 바와 같이 물질적인 것과는 상관없이 과도한 업무로 인해 수입 면에서는 부족한 점이 없어도 심적인 '워킹푸어'에 빠져 있는 사람들이 있기 때문이다.

마지막으로 이 책의 집필에 있어 기획 단계부터 자료수집, 인터뷰 기사 정리에 이르기까지 다카라지마(寶島, Takarajima)사의 타바타 히로부미(田畑博文)씨에게 큰 도움을 받았다. 다시 한 번 감사의 뜻을 전하고 싶다.

저자 카도쿠라 다카시(門倉貴史)

※ 주1) 힐즈(Hills)족 : 일본의 부자들이 몰려 있다는 도쿄 '록뽄기(六本木)힐즈'에서 유래된 말로, 록뽄기힐즈 안에 위치한 맨션에 사는 젊은이들이나 록뽄기힐즈에 사무실을 갖고 있는, 그 곳에서 일하고 있는 사람들, 즉 인생의 '승자'를 가리킨다.

Contents

part/
03 고용붕괴

part/
04 불안한 청년들

part/ 05 목소리를 높여라

워킹푸어란,
하루하루 열심히 일하고 있지만
아무리 시간이 흘러도
생활보호 수준의 가난에서
벗어날 수 없는 사람들을 가리킨다.

워킹푸어가 증가하고 있는 가장 큰 원인은
기업이 정규직의 수를 줄이고
파견사원이나 계약사원, 위탁사원,
파트타임, 아르바이트 등
소위 말하는 비정규직 수를 늘리고 있기 때문이다.

워킹푸어의 종착지는 길거리다.
비가 새지 않는 지붕 밑에서
자기 몸 하나 누일 공간조차 빼앗긴 사람들은
거리로 흘러나와 노숙자가 된다.

워킹푸어(Working Poor)란, 하루하루 열심히 일하고 있지만
아무리 시간이 흘러도 생활보호 수준의 가난에서 벗어날 수 없는 사람들을 가리킨다.

The Working Poor

part/ 01

부지런한 기난뱅이

연봉만으로 먹고 살 수 있습니까?

올해 2, 4분기 실질 국내총생산(GDP) 성장률이 3년 만에 최고치를 보이면서 경기회복이 가시화되고 있다. 하지만 민간소비 성장률은 4분기 만에 최저치를 기록한 데다 부동산 경기하강에 따라 건설투자도 부진해 내수경기는 여전히 한파를 벗어나지 못하고 있는 것으로 나타났다.

≪2007년 9월 연합신문≫

| 경기는 회복되고 있다는데 내 생활은 전혀 나아지지 않는다.

워킹푸어(Working Poor)란, 하루하루 열심히 일하고 있지만 아무리 시간이 흘러도 생활보호 수준의 가난에서 벗어날 수 없는 사람들을 가리킨다.

1990년대에 미국에서 처음으로 등장한 이 말은 철저한 자본주의 국가인 미국의 극심한 소득격차를 인정하는 입장을 취했고, 워킹푸어는 더욱 급증하는 결과를 낳았다.

일본의 경우 역시, 고이즈미 전 내각이 미국을 모델로 삼아 경제발전을 추구하면서 서서히 늘어나기 시작했다. 물론 1990년의 주식, 부동산거품 붕괴 이후 지속된 길고 어두운 터널에서 벗어나 꾸준히 경기가 회복되고 있다고는 하지만 정작 경기회복을 피부로 느낄 수 있는 사람은 많지 않다.

특히 이런 현상은 노동자 중에서도 저소득층으로 분류되는 사람들에게서 많이 나타나는데 그 이유는 이들이 소득 양극화가 확대됨에 따라 새로운 계층 집단으로 불릴 만큼 끊임없는 증가추세를 보이고 있기 때문이다. 그렇다면 소득이 어느 정도의 수준일 때 워킹푸어로 분류할 수 있게 되는 것일까?

이 책에서는 일본의 도쿄 23개 구의 생활보호수준(2004년 지출 1백9십4만 6천4십 엔, 원화 약 1천5백5십6만 원)을 기준으로, 일하고 있지만 연소득 2백만 엔(원화 약 1천6백만 원)이 채 되지 않는 사람들을 해당 범위로 보았다.

일본 후생노동성(일본의 행정기관으로 국내 보건복지부, 식품의약품 안전청, 노동부와 같은 일을 담당)의 「임금구조 기본통계조사」에 따르면, 급여가 연간 2백만 엔 미만인 사람의 수는 2005년 남녀 합계 5백4십6만 8백6십 명에 달했다. 이는 조사대상 노동자의 25%에 가까운 숫자로 일본 노동자 4명 중 1명은 워킹푸어에 속한다는 결론을 말해주고 있다.

이를 다시 남성 노동자와 여성 노동자로 나누어보면, 2005년 남성 노동자 워킹푸어는 2백1십7만 6천5백8십 명, 여성 노동자는 3백2십8만 4천2백8십 명이었다. 즉 남성에 비해 여성이 압도적으로 많은데, 이는 결혼한 여성의 경우 남편의 부족한 소득을 보충하기 위해 파트타임제로 일하는 경우가 많기 때문이다.

결론적으로 봤을 때, 워킹푸어의 수는 여성이 많지만 워킹푸어의 증가는 남성에게서 더욱 뚜렷하게 나타난다. 2001년부터 2005년에 걸쳐 여성의 워킹푸어는 2십3만 6천9십 명이 증가하는데 그친 반면, 남성의 워킹푸어는 3십3만 9천7백3십 명이 증가했다. 또한 남성 노동자의 워킹푸어 비율은 2001년 12.2%에서 2005년에는 14.4%까지 상승했다.

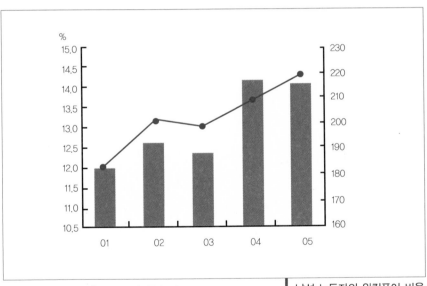

출처 : 일본 후생노동성 「임금구조 기본통계조사」　　　▌남성 노동자의 워킹푸어 비율

그렇다면 나이에 따라서 보는 워킹푸어는 어떤 모습일까? 다음의 그래프를 보면 20~29세의 청년들과 60세 이상의 노년층에서 워킹푸어의 비율이 매우 높게 나타남을 확인할 수 있다. 이는 사회생활의 경험이 적은 신입사원들이나 퇴직을 하고 재취업을 한 고령의 노동자들의 연소득이 낮기 때문이다. 그런데 여기서 주목할 것은, 2005년의 그래프는 2001년 그래프보다 위로 이동했다는 부분이다. 즉, 전 연령에 걸쳐 워킹푸어의 비율이 증가했다는 것을 뜻한다. 물론 일생 중 가장 높은 임금 상승을 기대할 수 있는 30~40대도 예외가 아니다. 「임금구조 기본통계조사」에 따르면, 30~34세 남성의 워킹푸어비율은

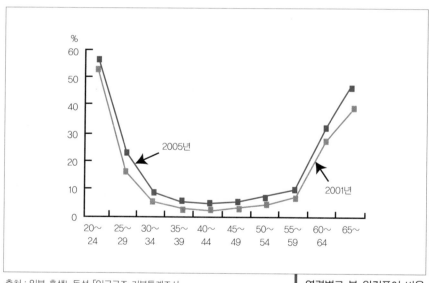

출처 : 일본 후생노동성 「임금구조 기본통계조사」　　　　　　　│ 연령별로 본 워킹푸어 비율

2001년 6.0%에서 2005년에는 9.4%까지 상승했다.

연소득이 1백만 엔(원화 약 8백만 원)에도 못 미치는 사람들이 늘고 있다. 남성 노동자 중 연소득이 1백만 엔 미만인 경우 역시 2001년 조사에서는 0.13%를 기록한 반면, 2005년에는 0.23%로 두 배에 가까운 증가율을 보였다.

저축이나 보험은 남 이야기

🔊 일을 해도 가난에 시달리는 근로빈곤층(Working Poor) 문제에는 돌파구가 없다. 비정규
직 근로자와 영세 자영업자가 대표적이다. 비정규직은 2001년 이후 지속적으로 늘었다.
국내 노동부에 따르면 비정규직은 전체 근로자의 36.5%인 5백4십6만 명에 달한다.

《2007년 1월 중앙일보》

| 몸이 아프면 치료비는커녕 먹고 살 길도 막혀버리는 직장인들

워킹푸어가 계속해서 증가하고 있는 이유는 무엇일까? 가장 큰 원인은 기업
이 정규직의 수를 줄이고 파견사원이나 계약사원, 위탁사원, 파트타이머, 아르바이
트 등, 소위 말하는 비정규직 수를 늘리고 있기 때문이다.

일본의 경우, 후생노동성의 「매월 근로통계조사」에 따르면, 고용자 전체에
서 파트타임 노동자가 차지하는 비율은 1990년대 이후 계속 상승하고 있으
며, 현재는 종업원 규모 다섯 명 이상인 사업장의 경우 종업원 네 명 중 한 명이

파트타임으로 일하고 있다는 것이다. 또한 2002년 일본의 행정기관인 총무성에서 실시한 「취업구조 기본조사」에 따르면, 연소득 2백만 엔(원화 약 1백6십만 원) 미만인 근로자의 비율은 파트타임 93.2%, 아르바이트 87.3%, 파견업무 46.2%, 계약 및 위탁이 42.4%로 비정규직의 비율이 정규직에 비해 월등히 높음을 알 수 있다. 그렇다면 이들이 평생 동안 벌어들일 수 있는 총소득은 어떨까?

두 친구가 있다. 이들은 같은 학교를 졸업하고 같은 직장에서 근무를 시작했으며, 정년퇴임을 할 때까지 같은 직장에서 근무했다. 그런데 그중 한 명은 정규직으로 입사했고, 다른 한 명은 비정규직으로 입사했다면?

직장에서 정규직과 비정규직으로 나뉘는 순간, 이들의 생애소득에는 큰 차이가 발생한다. 2005년, 일본에서 시행한 「임금구조 기본통계조사」를 토대로 대졸 남성과 단기 노동자의 생애소득을 비교해 놓은 다음의 통계자료를 보면 그 이유를 알 수 있다.

표준적인 대졸 남성은 평균 22세부터 60세까지 일을 한다. 그러면 이들의 생애소득은 약 2억 6백9십5만 1천7백1십1엔(원화 약 16억 5천만 원)이 된다. 반면, 표준적인 단기 노동자는 평균 18세부터 60세까지 일을 한다. 그러나 이들의 생애소득은 4천6백9십2만 9천9백5십9엔(원화 약 3억 7천5백만 원)에 그친다. 즉 대졸 남성 평균 생애소득의 22.7%에 불과한 금액이다. 게다가 단기 노동자의 경우에는 퇴직금조차 지급되지 않는다. 경제발전이라는 이름 아래 비정규직은 갈수록 늘어나는데, 이들 중 상당수는 아무리 고단하게 일을 해도 여유를 누릴 수 없는 워킹푸어의 늪에 빠져들게 되는 것이다. 자, 그렇다면 정규직으로 고용되었다고 해서 워킹푸어의 족쇄에서 자유로워질까?

결론부터 말하자면 정규직의 지위에 있다 하더라도 '안전'할 수는 없다는 것이다. 우리 주변을 둘러보면 사실상 대기업 계약직보다 못한 대우에 허덕이는 중소기업, 영세기업의 정규직이 있기 때문이다. 이들 역시 워킹푸어, 혹은 한없이 워킹푸어에 가까운 저소득에 허덕인다. 2002년 일본에서 실시한「취업구조 기본조사」에 따르면, 실제로 정규직의 10.1%, 즉 10명 중 1명은 연소득이 2백만 엔(원화 약 1백6십만 원) 미만이었다.

경제는 시간이 갈수록 회복되고 있다는데, 정작 경기 회복의 이면에는 대기업과 중소기업, 영세기업 사이의 크나큰 격차가 도사리고 있다. 상황이 어려운 작은 기업일수록 정규직이든 계약직이든 평등하게 인건비 상승을 억제해가며 기업을 운영해나가기 때문이다.

워킹푸어의 문제는 단순히 소득이 적은 것으로 끝나지 않는다. 한번 워킹푸어로 전락하면 구조적으로 그 상황에서 벗어나는 것이 매우 어렵기 때문이다.

인생은 지뢰밭이다. 병이나 사고 등 예상치 못한 각종 위험요소는 삶의 곳곳에 배치되어 있으며, 많은 사람들은 현재의 소득을 나누어 저축도 하고 보험에도 가입하면서 어떤 일이 일어날지 알 수 없는 불안한 미래에 대비한다. 어쩌다 병이나 사고라는 지뢰를 밟더라도 긴급수혈을 받고 응급처치를 할 수 있도록 미리 준비하는 것이다. 그러나 당장 하루 벌어 하루 먹고 살기 바쁜 사람들은 어떨까. 소득은 전부 생활비로 사용된다. 저축은 없다. 보험도 그저 남의 이야기다. 앞으로 무슨 일이 다가올지 알 수 없지만 미래의 상황에 대비하기 위해 미리 떼어놓을 여윳돈은 없다. 그런데 가족 중 누군가가, 혹은 자기 자신이 교통사고와 같은 갑작스러운 일이라도 당한다면 어떻게 될까? 당장 수입은 끊기고, 생활은 어려워진다. 물론 모아놓은 돈이 없으니 여기 저기 빚이라도 내야한다. 게다가 간신히 몸을 추슬러 다시 직장에 복귀한다 해도 빠듯한 살림에 얹힌 빚까지 갚아야 한다.

나라의 보호를 받는 사람들

국가로부터 최저생활을 보장받는 기초생활보장 수급자 수는 2002년에 잠시 감소했다가 노무현 정부에 들어와서 다시 증가하기 시작해 2006년에는 1백5십3만 4천9백5십 명으로 역대 최대치를 기록했다. 이는 기초생활보장 수급자로 분류되는 빈곤층이 늘어난 것이 아니라 빈곤층의 부양의무자, 소득기준 완화 등을 통해 보호 대상자를 확대했기 때문이다.

≪청와대 브리핑≫

| 끊임없이 일을 해도 삶이 어려울 때,
마지막으로 나라의 도움을 청한다.

일본 후생노동성의「복지행정보고 예」에 따르면, 1980년대 후반의 거품경기 때는 생활보호를 받는 세대수와 실인원이 감소경향을 보였다. 그러나 이들은 1990년대에 들어서면서 서서히 증가하기 시작했고, 2000년대에는 그 증가속도가 현저히 빨라져 급기야 2006년 6월의 생활보호 세대수는 1백6만 세대, 생활보호 실인원은 1백5십만 명이 됐다.

일본의 생활보호는 일본 국법 제25조에 의해 '모든 국민은 건강하고 문화적인 최저한도의 생활을 영위할 권리를 지닌다'는 이념을 근거로 국민의 생존권을 보장하고자 정한 제도인데 의식주 등, 최저한도의 생활을 유지할 수 없는 사람의 경우 이 법에 따라 생활보호를 받을 수 있다.

물론 국가에서 지원하는 생활보호라는 것은 국민으로부터 거두어들인 세금을 기본으로 한다. 따라서 단순히 "나는 생활이 안 될 정도로 가난합니다."라는 말 한 마디로 집행될 수 없다. 생활보호를 받기 위해서는 세대 자신 및 연고자의 자산이나 소득의 전부를 활용하고 있어야 한다. 예를 들어 A라는 사람이 3십만 엔(원화 약 2백4십만 원)의 수입을 벌어들이는데 그 중 1십만 엔(원화 약 8십만 원)을 저축했다면 이 사람은 소득의 전부를 활용하는 것이 아

생활보호로 지급되는 생활비

기준 세대	도쿄	지방
표준 3인 가족(33세, 29세, 4세)	162,170엔 (원화 약 1백3십만 원)	125,690엔 (원화 약 1백만 원)
고령자 독신 세대(68세)	80,820엔 (원화 약 6십5만 원)	62,640엔 (원화 약 5십만 원)
고령자부부 세대(68세, 65세)	121,940엔 (원화 약 9십8만 원)	94,500엔 (원화 약 7십6만 원)
모자 세대(30세, 9세, 3세)	158,650엔 (원화 약 1백2십7만 원)	122,960엔 (원화 약 9십8만 원)

니다. 3십만 엔 수입의 전부를 기본생활 영위를 위한 지출로 모두 사용해야 소득의 전부를 활용한다고 할 수 있기 때문이다.

다른 하나는 일할 능력이 있는 사람이라면 그 능력에 따른 일을 하고 있어야 한다는 것이다. 심각한 신체적 장애가 있기 때문에 일을 하지 못하는 경우를 제외하고 신체 건강하고 너무나 멀쩡한 젊은이가 할 수 있는 일을 하지 않고 생활이 어렵기 때문에 보조해달라고 한다면 국민들에게 거두어들인 세금을 사용해가며 지원해줄 국가는 없다. 즉 벌어들인 모든 돈을 전부 활용하고, 할 수 있는 일을 열심히 하고 있음에도 불구하고 소득이 최저생활비에 미치지 않을 때, 비로소 국가는 그 세대에게 생활보호를 제공한다.

워킹푸어 중에서도 특히 소득이 낮은 사람들은 최종적으로 국가로부터 생활보호를 받게 되는데 일본의 경우 기본생활보조, 교육보조, 주택보조, 의료보조, 간호보조, 출산보조, 생업보조, 상제(喪祭)보조로 구성되어 있다. 그렇다면 생활보호 자격을 취득했을 경우, 어느 정도의 금액을 보장받게 되는 것일까?

2004년 표준세대의 경우를 보면 매월 지급액은 도쿄가 1십6만 2천1백7십엔(원화 약 1백3십만 원), 지방은 1십2만 5천6백9십 엔(원화 약 1백만 원) 정도였다. 여기서 표준세대란, 33세의 아버지와 29세의 어머니 그리고 네 살짜리 아이가 하나 있는 세대를 말한다. 따라서 고령자 단독세대의 경우 매월 지급액은 도쿄가 8만 8백2십 엔(원화 약 6십5만 원), 지방은 6만 2천6백4십 엔(원화 약 5십만 원)이다. 겨우 이 정도의 금액이 최저생활비로 지급되는 것이다.

물론 위의 생활보호비는 일본 후생노동대신(국내 복지부장관)이 정한 최저생활비를 기준으로 하여, 생활보호를 요청한 세대의 소득이 최저생활비에 미치지 못할 때, 그 부족분만큼만 지급된다. 즉 도쿄의 고령자 독신 세대를 기준으로 설명하자면, 노인 혼자 6만 엔(원화 약 4십8만 원)의 수입이 있을 때, 최저생활비에서 6만 엔의 수입을 뺀 2만 8백2십 엔(원화 약 1십7만 원)이 국가에서 지급되는 생활보호비가 된다.

계층 간 소득격차

한국의 소득 양극화현상은 1980년대 중반부터 개선되는 모습을 보였다. 높은 경제성장세와 실질적인 임금상승으로 중산층의 비중이 확대된 덕분이다. 그러나 외환위기를 겪으면서 중산층은 축소되고 하위 소득계층이 늘어났으며, 2000년대 들어 일시적으로 개선되었던 소득 양극화지수는 2003년부터 다시 상승하고 있는 추세다.

《삼성경제연구소》

| 가난한 사람은 더 가난해지고, 부자는 더 큰 부자가 된다.

한국을 비롯한 일본의 국민들은 예전에 비해 중산층이 많아졌고, 다들 그럭저럭 배는 굶지 않고 살게 되었다는 인식을 갖고 있다. 그러나 최근 일본의 경우만 보더라도 양극화의 골은 매우 깊어지고 있는 반면, 정부는 양극화 현상이 통계에 직접적으로 나타나지 않고 있기 때문에 큰 문제가 아니라는 입장을 취하고 있다.

분명한 소득불평등을 나타내는 지니계수[주2]의 동향을 살펴보면 정부의 입장이 틀린 말은 아니다. 일본 행정기관 총무성의 「가계조사」에서는 오히려 최근 들어 지니계수가 낮아지고 있다. 그런데 「가계조사」를 장기적으로 보면 지니계수가 상승하고 있다는 것을 알게 된다. 게다가 1970년대 중반 이후 일본에서 소득격차가 확대된 주원인은 독특하게도 인구의 고령화다.

　일본의 경우 나이가 들면서 소득의 차이는 더욱 두드러진다. 신입사원으로 시작해 초봉을 받을 때는 A나 B나 고만고만한 급여를 받게 되지만 나이가 들고 경력이 쌓이면서 그 대우는 달라진다. 능력을 인정받아 순조롭게 승진을 거듭하는 경우가 있는가 하면, 계약직으로 시작해 계약직으로 끝나는 사람도 있다. 때문에 20대 초반의 신입사원과 편의점 파트타임 직원의 급여 차이가 아무리 크다 해도, 40대의 기업 전무와 일용직 노무자보다 크지는 않다. 즉 이러한 임금구조 속에서 고령화가 진행되고 중장년층의 비중이 높아지면, 양극화가 심화되는 것으로 보이는 것이다.

　물론 양극화의 원인이 고령화라는 점은 미국에서 발생한 양극화 요인과는 크게 다르다. 미국에서 벌어지는 양극화 현상의 주원인은 우선 경제의 주도권이 고임금인 제조업에서 저임금인 서비스업으로 넘어갔다는 것이다. 또한 IT 사업을 대표적으로 전문직에 대한 수요 확대, 비전문직과의 소득격차가 심화되었고, 외부로부터 대량 유입된 이민도 저소득층의 임금 상승을 방해하고 있는 원인이다. 그래서 미국에서는 모든 연령층에서 소득 불균형이 확대되었다.

최근 들어 일본에서도 미국과 같은 현상이 나타나고 있다. 우선 청년층에서 1990년대 후반 이후 학력 차이에 따른 소득격차가 확대되는 경향을 보이고 있다. 예를 들어 25~29세의 대졸 남성과 중졸 남성의 급여 차이를 비교해보면, 1999년에는 대졸자의 급여가 중졸자의 1.03배였지만, 2005년에는 1.08배까지 확대됐고, 1990년대 후반 이후 40대 이상의 중장년층에서 대졸 남성 소득 하위 10%에 대한 소득 상위 10%의 비율은 높아지고 있다. 이는 중장년층에서도 소득 양극화가 심화되고 있다는 것을 나타낸다.

위의 사실만 보더라도 앞으로는 고령화의 진전에 더해 사회 구조 변화에 따른 소득 격차까지 확대되면서 경제 전체의 소득격차는 더욱 확대될 것이고, 이런 소득격차가 확대되는 과정에서 무서운 속도로 이른바 '워킹푸어'가 증가될 것임은 틀림없는 사실이다.

주2) 지니계수(Gini's Coefficient) : 소득불평등을 측정하는 대표적인 지표. 0에서 1까지의 값으로 표현되는데, 0이면 완전 평등을 나타내고 불평등 정도가 높아짐에 따라 1에 가까워진다.

풍요속의 빈곤, 미국의 워킹푸어

ดุฒ 경제학자 제리드 베른스타인(워싱턴 경제정책 연구소)은 "캘리포니아는 미국 사회의 소득
불균형 문제를 단적으로 보여주는 축소판과 같은 도시"이며 이는 "IT 성공 신화를 쓴
CEO와 외국에서 건너온 이민자들이 공존하고 있기 때문"이라고 말했다.

≪2007년 6월 전자신문≫

| 빌 게이츠의 수입이 모든 미국인의 풍요를 보장하진 않는다.

2005년 미국의 GDP(국내총생산)는 1십2조 4천8백5십7억 달러로 부동의
세계 1위를 기록했다. 그리고 그 뒤로 일본의 GDP가 4조 5백7십1억 달러로
미국과 큰 차이를 보이며 2위를 기록했다.(한국은 2007년 기준 세계 12위)

미국, 누가 뭐라 해도 '세계 1위', '가장 풍요로운 나라'로 인식되지만, 현
실은 그다지 긍정적이지 않다. 1인당 GDP로 보자면 미국은 4만 2천1백1달
러, 일본의 경우는 1인당 3만 5천7백8십7달러로, 생각보다 큰 차이가 없다. 게

다가 1인당 GDP로 보자면 미국은 룩셈부르크나 스위스, 덴마크보다 순위가 떨어져 세계 8위에 등록되어 있다. 왜 이런 현상이 발생하는 것일까?

예를 들어 한 나라를 하나의 가구라고 생각해보자. 두 가구가 있는데, A가구의 월수입은 3십만 엔(원화 약 2백4십만 원)이고, B가구의 월수입은 5십만 엔(원화 약 4백만 원)이다. B가구의 월수입이 더 많지만 가족은 6명이고, 반면 A가구의 가족은 2명이다. 그렇다면 둘 중 어느 가구가 더 여유 있는 생활을 하게 될까? 물론 A가구가 B가구에 비해 더 여유롭다.

처음부터 자본주의 경제 시스템을 중시해왔던 미국은 경제성장 과정에서 국민 간의 소득격차가 벌어지기 쉬운 구조를 가지고 있다. 더구나 정부는 개인의 생활에 관여하지 않는다는 생각을 가지고 있기 때문에 각종 사회보장제도도 기본적으로 '개인의 생활은 자기 스스로의 책임'이라는 전제를 두고 설계되어 있다. 따라서 미국은 일본의 생활보호제도와 같이 연방정부에 의한 포괄적인 공적 보조제도가 존재하지 않고, 고령자나 장애인, 아동 등을 대상으로 세분화된 사회보장이 이루어진다. 그리고 저소득층에 대해서는 메디케이

ER지수[3)]로 보는 여러 나라의 소득양극화 수준 (2004년)

	일본	미국	한국	영국	스웨덴	독일	프랑스
ER지수	0.0507	0.0833	0.665	0.0653	0.0563	0.0474	0.0434

– 각국 통계청 DB 참조

드^{주4)}라 불리는 의료보조제도 등이 적용될 뿐이며, 1996년에 실시된 복지개혁 중 지금까지의 공식 보조제도를 재검토하면서, 장기간 보조를 받고 있는 자의 자립을 촉진하고 관련예산을 삭감하는 등의 움직임을 보이고 있다.

그렇다면 미국에는 어느 정도의 워킹푸어가 있는 것일까? 미국의 복지정책에 대한 입장 변화가 최근의 빈곤층 증가와 무관하지 않은 가운데 국세조사국의 통계에 따르면, 미국은 2001년 부시정권이 탄생한 이래 경기가 좋아지고 있다. 반면 워킹푸어 인구 역시 증가 경향을 보이고 있다. 공화당인 부시정권은 정부의 역할을 가능한 한 줄이고 민간의 경쟁을 촉진시키면 자연히 경제가 활성화되고 사람들의 생활도 풍족해질 것이라고 생각했다. 하지만 시장원리가 빈곤을 줄이는 데까지 긍정적인 기능을 하진 않는다.

2005년 미국의 워킹푸어는 전년에 비해 약간 감소했지만, 연소득이 빈곤기준^{주5)}에도 미치지 못하는 사람의 수는 3천6백9십5만 명으로 여전히 높은 수준이고, 전체 노동자 중에서 워킹푸어가 차지하는 비율은 12.6%에 달했다. 그중에서도 지역별 빈곤율을 살펴봤을 때 미시시피 주(빈곤율 21.3%)와 루이지애나 주(동 19.8%)가 가장 심각했는데 그 이유는 2005년 허리케인 카트리나로 심각한 타격을 받았기 때문이었다. 게다가 미시시피 주의 경우는 빈곤층이 너무 많아 메디케이드 재정이 파탄 직전이라고 한다.

워킹푸어 대상자는 월수입을 기준으로 한 소득이 너무 낮기 때문에 미래를 대비하기 어렵다. 실제로 빈곤층에 속하는 이들의 경우 의료보험에 가입하기조차 힘드는데 미국의 경우 이러한 극빈자 문제가 심각해지면서 주(州) 단위로 모두 의료보험에 가입하게 하려는 움직임이 있었다. 따라서 미국은 2006년 4월, 메사추세츠 주의 경우 2007년 7월까지 전 주민(州民)이 의료보험에 가입하는 것을 의무화하는 법안을 가결했으며, 가난 때문에 보험에 가입할 수 없는 사람에 대해서는 주가 직접 조성금을 부담하기도 했다.

미국은 전 세계적으로 화려한 조명을 받는 빌게이츠 같은 억만장자의 이면에, 많은 사람들이 빈곤에 허덕이는 양면을 가지고 있다. 물론 2001년 11월 경기가 바닥을 친 후 오름세로 돌아서고 있는 게 사실이지만 상당수의 국민은 경기회복을 실감하지 못하고 있다.

주3) 계층 간 소득격차를 계층의 비중으로 가중 평균한 값. 소득 양극화 정도를 측정하는데 활용되며 높을수록 양극화가 심하다는 것을 나타낸다
주4) 메디케이드(Medicaid) : 보험에 가입되지 않고 의료비를 부담할 능력이 없는 영세민들을 위한 의료보장제도. 주정부에서 관장하며 연방 정부의 재정지원을 받는다.
주5) 빈곤기준 : 의식주 등 최저한의 생활을 영위하기 위해 필요한 소득 수준. 미국의 경우 3인 가족 기준 연소득 1만 5천5백7십7달러, 4인 가족 기준 연소득 1만 9천9백7십1달러.

더 이상 밀려날 곳이 없는 노숙자들

서울시가 거리노숙자 6백8십7명, 쉼터노숙자 1천7백3십9명을 대상으로 실시한 설문조사에서 거리노숙자의 41.6%가 일자리 제공을, 쉼터노숙자의 23.9%가 취업알선을 희망하는 것으로 나타났다. 노숙인 다시 서기 지원센터가 실시한 설문에서도 노숙자들의 48%가 노숙을 벗어나기 가장 어려운 이유로 일자리 문제를 꼽았다.

≪2005년 9월 연합뉴스≫

| 역사 내의 노숙자들도 한때는 어엿한 집안의 가장이었다.

워킹푸어의 종착지는 결국 길이다. 비가 새지 않는 지붕 밑에서 자기 몸 하나 누일 공간조차 없는 사람들은 거리로 흘러나와 노숙자가 된다.

최근 노숙자 급증 배경을 조사해보면 장기간에 걸친 불황의 영향으로 실업자가 되고, 결과적으로 길거리로 나서게 된 사람이 많았다. 노숙자로 살아가고 있는 사람들의 대부분은 주소나 정해진 직업이 없다. 이들은 길에서, 혹은 보호시설에서의 생활로부터 벗어나 일터로 복귀하는 것을 원하고 있지만 특별한 기술도 없는 이들에게 취업의 문턱은 높기만 하다. 게다가 거리에서의 오랜 생활로 몸은 망가지고, 미래에 대한 희망마저도 사라져간다. 결국 이런 상황은 정신건강마저도 악화시켜 근로의욕마저 빼앗아간다. 노숙자로 한 번 거리에 나서게 되면 다시 정상적인 생활로 돌아오기는 매우 어려워지는 것이다.

경제 분야에서 이루어진 각종 구조개혁안은 경제회복의 기반을 마련했지만, 한편으로는 사회적 약자를 위한 안전망을 갉아먹고 있다. 눈에 보이는 경기는 좋아지고 있다지만 지금 이 순간에도 최저 수준으로 생활하면서 여전히 불경기에 사는 사람들은 늘어나고 있다.

이전에 정부로부터 생활보호를 거절당한 사람이 죽은 지 몇 달 만에 발견된 사건이 있었다. 사인은 '아사(餓死)'. 먹을 것이 없어 굶어 죽은 것이다. 그나마 최소한의 금액이라도 지원받을 수 있는 사람은 낫다. 아무리 열심히 일해도 다람쥐 쳇바퀴 돌듯 생활보호 수준의 삶에서 벗어나지 못하는 워킹푸어의 증가, 경제성장의 이면에서 더 이상 손 놓고 바라보기만 해서는 안 된다. 정부는 지금까지 추진해 온 성역 없는 구조개혁의 문제점을 제대로 바라보아야 할 때다.

쉴 수 없는 직장인

| 32세(남), 무직, 전문대학 졸업

전문대학을 졸업하고, 10년 가까이 근무한 회사에서 최근 퇴직한 A씨는 구릿빛 피부에 시원한 웃음을 가진 청년이다. 퇴직 후, 한가해진 틈을 타 다음 일에 대비한다는 생각으로 대형면허, 대형특수면허, 견인면허까지 취득한 A씨. 면허를 모두 취득한 후 바로 취직한다는 생각보다는 최근 가장 큰 비용을 들여 장만한 자전거에 푹 빠져있었다.

A씨는 경기불황이 길어지며 생겨난 1백엔 숍(국내 1천 원 상품 매장)을 관

리하는 회사에서 근무했다. 그는 월 1십1만 엔(원화 약 8십8만 원)부터 연소득 6백만 엔(원화 약 4천8백만 원)의 지점장까지 10년을 한 직장에서 일했다. 그가 관리하는 총 매장은 300개로 출장수당으로 3천 엔(원화 약 2만4천 원), 휴일출근 시 1만 5천 엔(원화 약 1십2만 원)의 돈을 더 받았지만 그 대가는 혹독했다.

계속되는 새 점포들의 오픈 준비로 꽤 오래 쉴 수 없었던 그는 피로누적으로 인한 편도염으로 음식을 삼키는 일이나 물을 마실 수 있는 여건조차 허락되지 않았다. 하지만 바나나, 요구르트 등으로 겨우 체력을 유지하며 새 점포를 담당하게 될 아르바이트생들의 교육을 맡아야했다.

1백 엔 숍은 지갑이 가벼운 서민들에게 유용한 상점이 되었지만 정작 그곳에서 일하는 사람들은 과로로 힘든 시간을 보내야했다. 입사 후 3개월 동안은 연수차 지방의 상점(새로 오픈한 지점)에서 아르바이트생처럼 계산을 하거나 상품을 주문하고, 진열하는 일 등을 담당했는데 사원교육과정 대신 직접 현장에서 터득하며 일을 배우길 원하는 회사 방침으로 인해 그에게 직장생활이란 처음부터 고난의 연속이었다. 하지만 당시는 '취업빙하기'라고 불렸을 만큼 4년제 대학 이상을 졸업하고도 취업이 되지 않아 이른바 미취업 실업자가 넘쳐나던 시기였기 때문에 그조차도 그에겐 감사한 일터일 수밖에 없었다.

A씨는 젊은 패기 하나로 몸을 사리지 않았고, 몇 개월 지나지 않아 하나의 지점을 맡아 관리하는 지점장이 될 수 있었다. 그리고 곧 해당 지역의 점포를 총괄하는 지역점장으로 승진했다. 그가 관리했던 관동사업소는 300개의 점포가 있는 곳이었는데 정직원은 겨우 20명뿐이었으며, 나머지는 모두 아르바이트생이었다. 즉 정직원은 5%, 나머지 95%가 아르바이트 등 단기 근무자 또는 비정규직 인원이었다. 계속해서 회사의 규모는 몇 배로 성장했지만 정직원과 비정규직의 비율은 좀처럼 줄어들지 않았다. 인건비 상승을 억제하기 위한 회사의 방침이기도 했으며, 사회 분위기가 그렇게 흘러가고 있었기 때문이었다.

A씨가 입사했을 당시, 관동지역에서는 매월 10개의 새로운 점포가 오픈했는데 그가 하는 일은 주로 각 점포를 다니며 아르바이트생을 모집하고, 교육을 비롯해 업무시간표 등을 관리하는 일이었다. 물론 상주하는 점포의 일은 당연히 병행되는 일이었다. 새로운 점포의 개점은 주로 휴일을 끼고 연결되는 평일이 대부분이었기 때문에 그에게 휴일 출근은 필수였다. 그래서인지 그와 함께 입사한 동료부터 신입사원들의 대부분은 몇 달 못 가 그만두기 일쑤였고, 3년 정도면 50% 이상이 퇴사했는데 회사 입장에서는 오히려 그게 당연하다는 듯 받아들여지고 있는 실정이었다.

A씨가 혼자 11개의 점포를 총괄하게 되면서는 상주하고 있는 점포에서

160km나 떨어진 다른 점포까지 다니며 관리하는 일은 흔한 일이 되었고, 새로운 점포의 오픈이라도 겹치게 되면 한 달에 3일도 쉬지 못하는 경우가 대부분이었다. 게다가 약 150명의 아르바이트생을 관리하는 입장이었기 때문에 그의 휴대전화는 하루 평균 50건 이상의 통화에 시달렸고, 고객들의 불만에 대응하거나 갑자기 휴가를 내고 싶다는 직원의 상담전화에서부터 업무상의 의문까지 전화벨이 울릴 때마다 스트레스에 시달렸다.

10년 가까이 일하며 연소득 6백만 엔(원화 약 4천8백만 원)이 되었지만 결코 많은 금액은 아니었다. 하지만 신문이나 잡지 등을 통해 발표되는 동세대의 평균 액수와 큰 차이는 없었기 때문에 나름 워킹푸어와는 거리가 멀다고 생각하며 살았다.

A씨가 퇴사를 하게 된 가장 큰 이유는 40대, 50대가 되어서도 할 수 있는 일은 아니라는 생각 때문이었다. 물론 퇴사를 하고 싶다는 생각은 입사 후 1년차부터였다. 일의 폭은 넓지만 깊이가 없다는 생각도 있었고, 나이가 들어 힘에 부치는데도 젊을 때처럼 일하지 않는다는 이유로 본사의 비난을 감당할 자신이 없었다. 입사 후 10년차 퇴직, 그 회사에서는 찾아보기 드문 원만한 퇴사였다.

A씨가 퇴사할 무렵, 그의 회사는 일본 내에만 2천 개 이상의 점포를 지닌

네크워크로 성장했다. 매출도 눈에 띄게 향상되었고 저렴한 비용으로 신상품을 생산하는 것도 가능해졌다. 하지만 정규직의 점장보다는 파트타임의 점장이 늘어났고, 아르바이트생 역시 늘었다. 오전 9시 30분부터 오후 8시 30분까지 풀타임으로 근무하며 정규직과 같은 일을 하지만 급여에서는 몇 배 이상의 차이가 있었기 때문에 회사 입장에서는 파트타임을 더 선호할 수밖에 없었다. 그러나 파트타임 점장들 중에는 퇴근 이후 다른 아르바이트를 하는 사람이 생겨났다. 사실상 시간적으로나 체력적으로나 너무 힘든 일이었지만 승진을 하더라도 겨우 시급 2십 엔(원화 약 1백6십 원) 인상이 전부인 파트타임 점장들에게는 선택할 수밖에 없는 현실이었다.

피로누적으로 인한 편도염에서 담낭염까지 걸리며 한 달 평균 겨우 2~3일 쉬는 게 전부였던 고된 직장생활을 그만둔 A씨는 그동안 일에 쫓기며 마음의 여유하나 없이 살아온 지난 10년이 서글프다고 했다. 그래서 소득은 좀 줄어들더라도 조금 더 느긋하게 일을 하고 싶다는 A씨는 정규직 사원으로의 이직을 준비하며 인생의 분기점에 서 있다.

연매출 112억에서 시급 7,200원까지

| 59세(남), 편의점 아르바이트, 전문대학 졸업

국도의 교차로에서 지방도로로 들어서면 좌우로 논밭이 펼쳐진 2차선 도로가 있다. 이를 지나면 작은 편의점이 있는데 Y씨는 이곳에서 2년 전부터 밤 11시에서 다음날 새벽 5시까지 심야시간 파트타임으로 일하고 있다. 시급은 7천2백 원, 한 달에 20일 정도 일하고 주 5일에 월급은 1백만 원이 채 되지 않는다.

Y씨는 불과 3년 전까지만 해도 유통과 도매업을 주로 다루는 기업의 대표

였다. 전성기 때의 연간 매출액은 1백1십2억 원, 종업원 수는 50명, 8천만 원이 넘는 고급 승용차를 타고 다니며 주변 사람들에게 깍듯이 '사장님'이라 불렸던 사람이었다.

흑백텔레비전에서 컬러텔레비전이 되듯 경제는 매년 성장하고, 세탁기, 비디오와 같은 가전제품은 계속 발전, 업그레이드되었다. 젊은 시절의 Y씨는 눈에 보이는 모든 것이 풍요로웠던 시간 속에서 조금도 미래에 대한 의심 없이 열심히 일했다. 일본열도개조론을 비롯해 소득배증계획이 앞 다투어 발표되고, 땅값은 하루가 다르게 치솟았다. 그러나 모든 건 거품처럼 사라져버렸다.

Y씨와 같은 시간대에 편의점에서 일하는 동료 K씨, 맞벌이를 하는 여성으로 그녀의 남편은 창고관리부다. 그녀는 3년 전 겨우 집을 마련했지만 그것도 융자를 얻어 마련한 것이었고, 아이는 둘이나 되었다. 그들 부부는 아침부터 밤까지 쉬지 않고 일하지만 융자 갚는 일을 제외하고는 생활비로 남은 비용을 충당하기에도 벅찼다. 마치 쉬지 않고 달리는 자동차처럼…. 자동차가 계속 달리기 위해서 기름은 항상 넣어야하고, 기름을 넣었다고 해서 더 빨리 달리는 것도 아니지만 가던 길에 그냥 멈춰 있을 순 없는 것이니까.

워킹푸어의 연소득이 2백만 엔(원화 약 1천6백만 원) 이하라고 정의되어있다지만 그건 어디까지나 학자를 비롯한 정치인들의 탁상공론이라는 Y씨. 일반 서민들에게는 그 두 배를 벌어들인다 해도 쉬지 않고 달려야하는 생활은 변함이 없다. 더구나 생활의 여유나 즐거움을 누릴 여유 없이 워킹푸어로 살아야 하는 사람들은 너무도 많다.

Y씨의 기업이 문을 닫은 것은 3년 전의 일로, 장기화되는 불황의 영향에 더해 대형 점포의 교외 진출을 후원하는 대규모 소매점포 입지법에 따른 업계의 빠른 구조변화 때문이었다. 더구나 관동지역 근처 도시의 소매점들을 주 거래처로 두었던 Y씨의 기업은 처음엔 200곳의 거래처로 시작해 일부 소매점들을 상장기업으로 성장시켰고, 업계 재편이 이루어지면서는 관동지역에서 대형 소매점 그룹을 탄생시키기도 했다. 하지만 곧 회사차원에서 관리하는 물류센터까지 둔 기업이 속속들이 등장하고, 도매가 거쳐지지 않는 구조가 만들어지면서 거래처의 수는 줄어들었다. Y씨 역시 이러한 구조변화를 대비해 우송부문을 외주로 처리하며 자신의 기업을 물류관리 특화기업으로 만들기 위해 노력했지만 거액의 거래처였던 대형 소매점이 방침을 전환하면서는 매출이 급속히 감소하는 사태가 발생했다.

처음에는 기업의 규모를 줄여 불황이나 인플레이션을 비껴가려는 생각도 했지만 돈을 쥐고 앉아 세금으로 뺏길 바에는 담보가치가 있는 부동산에 투자

하자는 생각으로 땅을 사들였다. 하지만 그 가치는 시간이 갈수록 떨어져갔고, 회사 매출 역시 계속해서 줄어들기만 했다. 결국 Y씨는 4억 엔(원화 약 3십2억 원)에 달하는 빚만 얻어 개인파산의 길을 선택해야했다. 40대 중반에 한 기업의 대표가 된 지 15년, 월 소득 1천만 엔(원화 약 8천만 원)의 생활은 막을 내린 것이다.

기업이 한창 잘 되었을 때 술과 골프, 해외여행은 자유자재로 즐겼다는 Y씨. 인간은 낭비할 수 있을 때가 가장 행복한 것이라고 말한다. 현실적으로 따지고 들자면 경차가 연비도 좋고 세금도 적지만 운전사가 있는 리무진을 타고 사람들 앞에 나타나는 건 경차와는 비교조차 되지 않는 일이니까. 하지만 그는 현재 잠깐 외출할 때 필요한 기름 값 조차도 걱정하는 신세가 되어 있다.

기업을 정리하고, 한동안은 아무 일도 할 수 없었던 Y씨는 자신이 앞으로 10~20년을 더 살게 될지도 모른다는 생각에 넋 놓고 가만히 있을 수만은 없었다. 다행이 아이들은 성장하여 학교를 졸업하고, 겨우 집은 건질 수 있었지만 남은 인생을 위해 일을 해야 했다. 그래서 Y씨는 취업을 결심, 3개월간 신문의 구인란부터 헬로워크(Hello Work)[주6]의 도움을 받아 영업직 위주로 일자리를 찾았다. 총 스무 곳의 회사에 전화를 하고 이력서를 보냈지만 그가 회신을 받은 건 단 한 곳이었다. 특별한 기술도 없는 나이든 사람을 쉽게 채용하려는 기업은 세상에 없었다.

그마저 연락이 왔던 한 곳은 외근을 주로 하는 투신영업으로 아침에 출근해 대여섯 명이 팀을 이루어 이동, 그럴듯한 땅을 찾아 등본을 확인한 후 주인을 찾아가 아파트나 빌라를 지으라고 권유하는 일이었다. 그렇게 한 달을 일하고 받게 되는 급여는 월 3십5만 엔(원화 약 2백8십만 원)으로 나쁜 조건은 아니 었지만 힘든 일이었기 때문에 오래 버티는 직원은 없었고, 채용과 퇴사를 반 복하는 이른바 회사 입장에서는 일회용품과 같은 취급을 받아야했다. 그러나 그마저도 남은 부도처리를 위해 입사할 수 없었다.

이제 Y씨에게 남은 건 일급으로 일하는 계약사원이나 아르바이트. 어차피 정규직으로 일하기 어렵다면 마음이라도 편하게 일할 수 있는 것이 좋다고 생 각했다. 물론 어린 학생들과 같은 시급을 받으며 일한다는 건 마음이 복잡해 지는 일이었다. 하지만 그에겐 그나마 자신이 나이가 들어 다행이라는 생각이 더 크게 작용했다. 자신은 이제 소득에 대한 큰 부담 없이 일한 만큼만 쓰며 버티면 되는 나이였지만 이제 30~40대에 들어선 젊은 세대에게 좁기만 한 정규직 취업문과 어려워진 경기는 꼭 지나가야하는 깜깜한 터널의 입구에 서 있는 셈이었으니까.

편의점 일이라고 해서 결코 쉬운 일만 하는 것은 아니었다. 한 때는 기업의 대표였지만 정규직보다 덜 일하는 것도 아니고, 고용을 보장해 주는 것도 아닌 직장에서 여러 일을 맡아야했다. 계산, 상품보충, 발주, 청소, 행사진행 시 예약을 받고, 교통비도 지급되지 않으며, 진열 실수로 판매할 주스 캔이 떨어져 찌그러지거나 도시락을 잘 못 데우는 실수라도 하게 되면 시급에서 그마저도 제외되었다. 그가 받는 시급이 7백5십 엔(원화 약 6천 원), 도시락 하나의 가격은 5백 엔(원화 약 4천 원)이었다. 물론 일을 잘한다고 해서 시급을 올려주는 일 역시 없었다. 경제는 회복된다고 하지만 낮은 임금을 받고 일하는 사람들 때문에 어려운 경제가 유지되고 있는 것이었다. 이런 모든 상황들이 한숨이 되어 나오는 현실이지만 Y씨의 경우에는 고용주의 기분도 이해할 수 있었다. 그리고 그나마 연금도 받을 수 있는 세대이기 때문에 다행이라는 Y씨. 모두들 열심히 일하고 있지만 여전히 사람들은 가난에 허우적거리고, 빚을 내서 겨우 집을 마련했는데 해고를 당한 30대를 생각하면 자신은 지금 행복한 것이라는말을 덧붙였다. 정작 불쌍하고 안타까운 건 지금의 자신이 아니라 이제 20대, 30대가 된 세대들이라며….

주6) 헬로워크(Hello Work) : 일본 공공직업안정소의 애칭. 어둡고 쓸쓸한 느낌을 주는 직업안정소의 분위기를 밝게 바꾸기 위해 공모, 1990년부터 사용하고 있다.

෨෨

젊은 층이 비교적 쉽게 이직하는 것과 달리
중장년층은 재취업 자체가 어렵다.
그리고
어렵게 재취업에 성공한다 해도
이전과 비교하면 소득도 줄어든다.

중장년층 워킹푸어 가정에는
다른 연령층에 비해 절약할 수 없는 지출이 많다.
그중에서도
자녀 교육비, 주택융자금은 피할 수 없는 지출

중장년층이 된 부모가 워킹푸어면
그 자녀 역시 워킹푸어가 될 가능성은 높다.
부모의 가난이
자녀의 인생에도 영향을 주고
워킹푸어는 세습된다.

워킹푸어(Working Poor)란, 하루하루 열심히 일하고 있지만
아무리 시간이 흘러도 생활보호 수준의 가난에서 벗어날 수 없는 사람들을 가리킨다.

The Working Poor

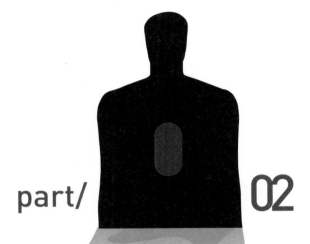

part/ 02

사회의 '허리'가 위태롭다.
무너지는 중년층

'남자' 라는 이름

1996년 0.6%에 불과하던 55~64세 고령자 실업률은 1999년 외환위기 영향으로 4.5%까지 치솟은 뒤 2001년 1.7%로 진정되는 듯 했다. 그러나 고령화 사회에 접어들면서 다시 증가하기 시작해 2005년에는 2.5%까지 올라 상승세를 탔다. 55~64세의 구직자는 2002년 9만 명에서 2005년 1십3만 9천 명으로 무려 40%나 증가했다.

≪2006년 11월 한국일보≫

| 갑작스러운 실직과 어려운 재취업, 가정경제가 위태롭다.

유대교 경전인 탈무드에서는 남자의 일생을 왕, 돼지, 양, 말, 당나귀, 개, 원숭이, 이렇게 7단계로 구분한다. 이들 중 '중년'을 상징하는 것이 '개' 인데 이 시기는 가족을 먹여 살리기 위해 사람들의 호의를 구걸하지 않으면 안 되는 시기이다.

지금 젊음을 가지고 있다면, 젊음에 독신이라면, 현재 쥐꼬리만 한 월급을 받고 있다면, 청년실업의 대표주자라고 할 만큼 한 푼의 수입 없이 지낸다 하더라도 아직은 여유가 있다. 좀 더 노력할 시간도 있다. 20대에 일자리가 없다고 해서 죽을 때까지 백수로 지낼 거라 생각하는 사람은 없으니까. 게다가 독신이라면 무슨 일을 해도 자기 한 몸 추스를 정도는 된다. 그리고 정말 어렵다면 구박을 좀 받더라도 부모의 신세를 질 수도 있다. 하지만 지금 40~50대라면 어떨까?

중년이라는 세대는 한창 자기 분야에서 능력을 입증 받아 힘을 행사할 시기이다. 부모든 자식이든 자신을 의지하고 있는 가족도 있다. 가계를 운영해나가기 위해서는 적잖은 지출도 필요하다. 그런데 이런 시기에 근무하던 회사가 불황으로 도산하거나 구조조정으로 어느 날 갑자기 직장에서 나와야한다면 어떻게 될까?

젊은 층에 비해 이직, 재취업은 말할 것도 없이 어려운 일이고, 설령 재취업에 성공한다 해도 이전과 비교해 급여는 줄어들기 일쑤다. 하지만 먹여 살려야 할 가족이나 갚아야 할 빚이 줄어들지는 않는다. 지출 규모가 큰 만큼 워킹푸어가 되는 속도 역시 빠를 수밖에 없다. 이들은 '가장' 이라는 이름으로 불리는 남자들이 대부분이다. 이들은 자신이 워킹푸어의 늪으로 빠져든다 해도 가족을 길거리로 내몰 수 없는 위치에 서 있다. 때문에 무슨 일이든 최선을 다해 열심히 일해야 하고, 그 소득은 가족을 부양하기에 터무니없이 적다.

중장년층 워킹푸어의 숫자는 결코 적지 않다. 일본 후생노동성에서 실시한 「임금구조 기본통계조사」만 봐도 2005년 연소득이 2백만 엔(원화 약 1천6백만 원) 미만인 남성, 즉 워킹푸어 수는 45~49세에서 8만 9천9백7십 명, 50~54세에서 12만 3천2백5십 명, 55~59세에서 18만 6천8백4십 명이나 되는 것으로 나타났다. 이는 각각 해당 연령 노동자의 5.5%, 7.3%, 10.5%를 차지할 만큼 심각하다는 얘기이다.

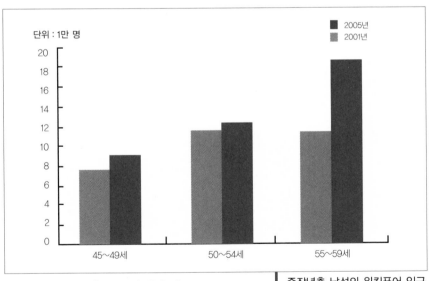

출처 : 일본 후생노동성 「임금구조 기본통계조사」　　　| 중장년층 남성의 워킹푸어 인구

한 예로 45~59세가 된 중장년 남성 전체를 놓고 보면 그 수는 약 4십만 명으로, 해당 연령층 노동자의 7.8%에 달하며 이는 지난 2001년(3십만 8천9백3십 명)을 기준으로 했을 때 무려 4년 동안 30%나 증가했다. 물론 한 가정의 생계 대부분을 담당하고 있는 이들 연령층 중에서도 연소득 1백만 엔(원화 약 8백만 원)이 채 되지 않는 남성 노동자들도 있는데 이들은 2001년(6천9백9십 명)을 기준으로 2005년에는 1만 1천7백 명이 되어 약 1.7배 증가했다.

중장년층, 구조조정 1순위

반평생 몸담았던 직장에서 쫓겨나 워킹푸어가 되다.

경기침체에 따른 구조조정 여파로 권고사직을 당한 뒤 실업급여 수급 자격을 신청하는 중장년층 실업자 수가 급격히 증가하고 있다. 실업급여를 신청한 사유를 보면 전체 이직자 가운데 36.8%가 권고사직, 25.7%는 계약기간만료, 5.3%는 폐업 및 도산, 3.5%는 정년퇴직 등이다.

≪2007년 6월 중도일보≫

| 한창 일해야 할 중장년층이 워킹푸어로 전락하게 되는 이유는 무엇일까?

중장년층의 상당수는 해당 연령층까지 기업 내에서 '제너럴리스트(Generalist)'로 육성되었다. 이는 조직 내에서 얕지만 다방면의 지식을 쌓아 여러 가지 업무를 맡을 수 있는 사람으로 존재했다는 것인데, 바꾸어 말하면 '일반 관리직'이다.

앞에서도 말했듯 중장년층이 워킹푸어로 전락하게 되는 가장 큰 이유는 회사의 도산이나 회사의 구조조정으로 인한 강제 퇴직이 주된 이유로 작용한다.

이들은 가족의 생계유지를 위해 어렵게 다른 회사에 재취직을 하지만 이전에 받았던 급여만큼 챙겨 받기는 힘들다.

과거, 기업의 독자적인 고용관행에서 시간이 지날수록 넓은 시야로 여러 업무를 이해할 수 있는 제너럴리스트의 존재 의의는 나름대로 컸다. 하지만 기업 간의 국제경쟁이 심화된 요즘 같은 시대에는 반평생 가까이 몸담았던 기업을 떠나 새로운 직장으로 이직하는 제너럴리스트에게는 새로운 직장으로의 이직이나 재취업의 문은 너무나 좁다. 들어갈 수 있는 문은 좁은데 생계에 대한 막중한 책임감은 이들을 짓누르고, 재취업이 하루라도 늦어지면 그만큼 가족들의 생활은 어려워진다. 즉 이들은 어떤 일이라도 당장 시작하지 않으면 안 되는 현실과 맞닥뜨리게 된다.

일본 후생노동성의 「고용 동향조사」에서 청장년층과 중장년층의 이직을 비교한 적이 있었는데 그 결과를 보면 중장년층의 이직에서 임금이 하락하는 경우가 현저히 더 많았다. 특히 중장년층의 경우 새로운 직장에서의 임금이 그전까지 근무했던 기업에 비해 10% 이상 낮아졌다고 응답한 비율은 2004년에는 26.6%였으며, 이직을 한 중장년층 4명 중 1명은 큰 폭으로 임금이 하락했다는 결과를 나타냈다.

우리 아버지 세대, 45~59세는 일평생 중 가장 임금수준이 높아지는 연령층이다. 그런데 원치 않는 퇴직으로 어쩔 수 없이 이직을 하게 된다면 그만큼 임금이 떨어지는 것은 피할 수 없는 현실이 된다. 워킹푸어로의 길을 선택할 수밖에 없는 것이다.

줄어드는 수입, 늘어나는 지출

⟪⟫ 2006년 말 가계대출과 판매신용(외상 구매액)을 합친 가계신용 잔액은 약 5백8십2조 원
으로, 2005년 말에 비해 6십조 5천억 원이 늘어났다. 이렇게 높은 가계 부채는 부동산
관련 대출이 주도하고 있다. 국내외 주요 연구기관에서 가계 부채 문제로 한국 경제가 위
기에 빠질 수 있다는 주장이 고개를 들고 있는 것도 이 때문이다.

≪2007년 4월 중앙일보≫

| 수입이 줄었다고 빚을 천천히 갚을 수는 없다.

갑작스럽게 회사에서 구조조정을 당하고, 재취업한 곳의 임금수준이 이전
에 비해 크게 낮다고 해도 중장년층의 워킹푸어가 갑자기 지출을 억제하기는
매우 어려운 일이다.

일반적인 소비지출에는 '이력효과(履歷效果)'가 작용한다. 불가피한 사유
로 소득이 줄어들어도 그때까지의 풍요로웠던 생활수준을 곧바로 줄이는 것
이 불가능하기 때문에 소비수준이 소득수준보다 늦게 맞춰진다는 것이다. 즉

최고급 안심 스테이크만 먹던 사람이 수입이 줄었다고 해서 어느 날 갑자기 저렴한 길거리 음식에 입맛을 맞출 수는 없다는 것이다.

대부분의 워킹푸어 상태에 빠진 중장년층 가정에서는 소득수준의 저하 폭이 매우 크기 때문에 소비의 이력효과도 그만큼 강하게 나타난다. 또한 소득 저하에 맞춰 소비지출을 억제하려 해도 중장년층의 워킹푸어 가정에서는 다른 연령층에 비해 절약할 수 없는 지출 역시 많다. 특히 이중에서도 자녀 교육비나 주택융자금은 피할 수 없는 부담 큰 지출이 된다.

일본의 행정기관인 총무성에서 조사한 가계조사(2006년 1~3월) 중 「회사원 세대의 주택·토지 구입을 위한 부채 잔액」의 결과를 보면 평균적으로 40~49세는 9백1십9만 엔(원화 약 7천4백만 원), 50~59세는 4백9십7만 엔(원화 약 4천만 원)의 부채를 떠안고 있다. 다시 말해 결혼해서 새로운 가정을 꾸리게 되는 것이 평균 30대 회사원이라면 이 시기에 대출을 받아 자신의 집을 마련하는데, 그 대출금의 상환이 40~50대가 될 때까지 계속 이어진다는 것이다. 그런데 어느 날 갑자기 회사에서 내몰리고 워킹푸어 상태에 빠지게 되면 어렵게 대출을 받아 집을 산 후 갚아야 하는 빚은 너무나 큰 짐이 되는 것이다. 물론 이런 결과는 우리나라라고 해서 예외는 없다.

워킹푸어에 빠지게 되는 이들은 심지어 생활에 어려움을 느낀 나머지 높은 이자의 대부업체에 손을 벌리게 되는 경우도 있고, 이로 인해 다중채무자가 되어 남은 인생을 빚에 허우적대며 보낼 위험도 높아진다. 게다가 남편의 실직과 재취업은 전업주부였던 여성을 취업전선으로 내몰게 된다. 실제로 여성이 결혼한 후 일을 계속할지의 여부는 아내의 개인적인 의사뿐만 아니라 남편의 소득에도 상당한 영향을 받는다.

2002년 일본 총무성에서 실시한 「취업구조 기본조사」 중에는 남편의 소득

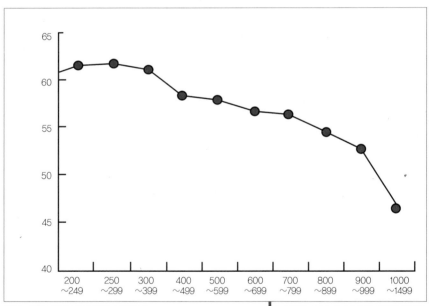

출처 : 일본 총무성 「취업구조 기본조사」　　　│남편의 소득과 아내의 직업보유율

계급별로 아내의 직업보유율을 조사한 흥미로운 통계가 있다. 이에 따르면 남편의 소득이 낮으면 낮을수록 아내의 직업보유율이 높아진다는 것이다. 아래의 그래프를 보면 남편의 연봉이 2백5십~2백9십만 엔(원화 약 2천만 원대)인 경우 아내의 직업보유율은 61.7%에 그쳤지만, 남편의 연봉이 1천만~1천4백9십9만 엔(원화 약 8천만 원대)인 경우에는 46.3%로 낮아지는 것을 볼 수 있다.

그렇다면 남편의 소득 부족을 보충하는 것만을 목적으로 하는 주부 파트타임 노동자는 어느 정도이며, 또한 향후 어떻게 변해갈까? 일본 후생노동성의 「임금구조 기본통계조사(2001년~2005년)」에 따르면 남편의 소득이 2백만 엔(원화 약 1천6백만 원) 미만으로 남편의 소득을 보충할 목적으로 파트타임으로 일하는 주부 노동자들은 2002년 5만 1천8백9십1명에서 2005년에는 5만 9천1백2십6명으로 늘었다. 이는 앞으로 파트타임으로 일하게 될 주부 노동자가 더 증가한다고 예상했을 때 엄청난 숫자로 2010년에는 7만 3천7백9십4명, 2015년에는 11만 4천6백만 명에 달할 것으로 예상된다. 게다가 앞으로는 남성 노동자의 워킹푸어는 더욱 증가할 것으로 예측되고 있기 때문에 이런 경우를 포함한 주부들의 취업은 한층 더 가속화되어 나타날 것이다. 그리고 이는 중장기적인 파트타임 노동자의 임금하락 압력으로 작용할 가능성 역시 높다는 것을 말한다.

경제적 위기와 자살

한 정신과전문의는 "한국에서 자살률의 급증은 1990년대 이후 많은 사람들의 사회적 계층이 하락하고 빈곤층이 증가한 데서 그 원인을 찾을 수 있다"며 "경제가 어려워지면 취약계층이 가장 큰 타격을 받고 자살이라는 극단적인 선택에 내몰린다"고 분석했다.

≪2007년 4월 조선일보≫

Ⅰ 중장년층 남성, 사회에서 버림받으면 가정에서도 설 곳이 없다.

자녀 교육비나 주택융자금 등 고정적인 지출을 계속해야 하는 중장년층이 어느 날 갑자기 워킹푸어로 전락했을 경우, 그 경제적, 정신적 타격이 상상할 수 없을 정도로 크다는 것은 누구나 쉽게 이해할 수 있다. 그리고 이들 중에는 극단적으로 자살이라는 방법을 선택하는 사람이 있다.

최근 경찰청이 조사한 연령별 자살자수 통계를 보면, 1990년대 후반부터 40~50대의 중장년층 자살자 수가 눈에 띄게 늘었다는 것을 알 수 있다. 이들의 대부분은 남성 회사원, 혹은 남성 무직자이다. 아래의 그래프를 보더라도 2005년의 자살자 수는 40~49세에서 5천2백8명, 50~59세에서 7천5백8십6명으로 나타난다. 이는 2005년 총 자살자 수의 40%다. 그리고 40~49세 남성 자살자의 48.7%, 50~59세 남성 자살자의 50.8%가 '경제, 생활문제'로 인한 자살로 집계되었다.

앞의 통계에서 흥미로운 사실 하나는 유서를 남긴 자살자들의 자살 동기만

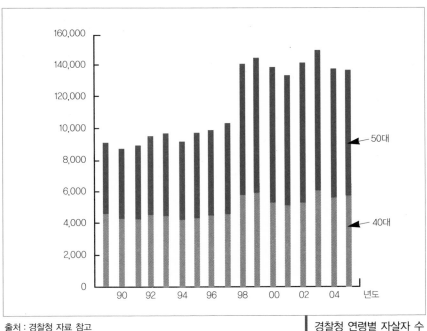

출처 : 경찰청 자료 참고 | 경찰청 연령별 자살자 수

보더라도 그 이유는 주로 경제, 생활문제라는 것이다. 즉 워킹푸어는 계속 증가하고, 경제적인 어려움은 중장년층 남성을 자살의 벼랑 끝으로 내몰고 있다는 것이다. 따라서 국가 차원에서 이들을 지원해주는 제도가 등장하지 않는 한 앞으로도 생활고를 이유로 한 중장년층의 자살률은 계속해서 높아질 수밖에 없다.

젊음을 바쳐 열심히 일한 중장년층들이 사회로부터 버림을 받고, 결국 생활고를 이겨내지 못해 자살하는 것을 자본주의 경제에서는 어쩔 수 없는 일이라고만 받아들여야 하는 것일까?

빈곤의 대물림

교육비 부담은 한국의 중장년층이 은퇴 준비를 하지 못하는 주요 이유 중 하나로 꼽힌다. 서울대 소비자아동학부의 은퇴자(5백3명) 심층조사에서도 은퇴 준비를 하지 못한 가장 큰 이유로 '자녀교육비와 결혼자금 때문에 여력이 없어서'라는 응답이 36%를 차지했다. 이는 '생활비 부담'(42.6%)에 이어 두 번째로 높은 비중이다.

≪2007년 4월 동아일보≫

| 자녀 교육비가 낮아지면 빈곤의 대물림 가능성은 높아진다.

일반적인 40~50대의 중장년층은 경제적인 능력이 없는 부모의 부양이나 자녀의 교육비, 주택융자금 변제 등, 인생에서 가장 많은 돈이 나가는 시기이다. 물론 이러한 지출 증가에 대응해 일반적으로는 40대에서 50대 회사원의 소득 역시 가장 높다.

일본 후생노동성의 2005년 「임금구조 기본통계조사(학력 계, 남자)」에 따르면 45~49세의 평균 연소득은 6백8십만 엔(원화 약 5천4백만 원)으로, 모든 연령층 중에서 가장 높았다. 그런데도 이들이 부담해야 하는 각종 지출 중에서도 특히 이들을 무겁게 짓누르는 부담은 자식의 교육비다. 때문인지 최근에는 '딩크족(Double Income, No Kids)' [주7]이라는 이름으로 자식의 교육비 등의 부담을 피하기 위해 일부러 자식을 낳지 않는 가정이 늘고 있을 정도다.

일본 총무성에서 「가계조사」를 실시했는데 세대주 연령별 연평균 교육비 부담이 40~49세, 50~59세 연령층에서 가장 높은 수치를 나타냈다. 또한 2005년에 실시한 교육비 관련 자료에서도 30~39세 연령층에서는 1십3만 9천4백3십2엔에 불과하던 교육비 지출이 40~49세에서는 3십9만 1천8백4십9엔, 50~59세 연령층에서는 2십1만 2천1백5십9엔으로 나타났다. 이는 전체 지출규모를 놓고 봤을 때 상당히 큰 비중을 차지하는 것으로 각각 4.2%에서 9.7%, 5.1%를 나타냈다.

물론 40~50대 중장년층의 소득이 통계대로만 된다면 자식의 교육비 부담이 아무리 커진다고 해도 얼마든지, 어떻게든 견뎌낼 수 있다. 하지만 앞에서도 말했듯 어쩔 수 없는 퇴직 등으로 인한 갑작스러운 워킹푸어로의 전락은 커져만 가는 자식들의 교육비 부담으로 인해 한 가정의 가장을 벼랑 끝으로 내몰게 되는 결과를 초래하게 되는 것이다.

우리 가정의 가장들은 워킹푸어가 된 상태에서도 자식의 교육비를 어떻게든 해결하기 위해 하루 종일 열심히 일한다. 하지만 연소득이 2백만 엔(원화약 1천6백만 원) 미만인 현실에서 자식의 교육비용을 충당하기란 심한 가뭄으로 쩍쩍 갈라지는 논에 물 몇 방울 뿌리는 작은 일에 지나지 않는다. 결국 이러한 결과는 학원비나 과외비를 위해 최저생계유지비마저 교육비로 충당하게 만든다.

현실의 어쩔 수 없는 가난은 자녀의 기본적인 교육마저 방해하고, 심지어는 고등학교나 대학 진학까지도 포기하게 만든다. 그러나 현대사회에서 자녀가 충분한 교육을 받지 못한다는 것은, 미래에 그만큼의 많은 기회를 박탈당하게 된다는 의미이다. 결국 중장년층인 부모가 워킹푸어로 전락하게 되면 그 자녀도 워킹푸어가 될 가능성이 높아지는 것이다. 아버지의 가난이 자식의 인생에도 악영향을 미쳐 워킹푸어는 세습된다.

지금까지의 사례와는 반대로 사회에서 어느 정도의 권위를 인정받고 비교적 높은 수입을 보장받는 법조계의 상황을 예로 들어보면 어떨까?

어느 나라든 국가의 헌법에는 모든 국민은 법 앞에 평등하고, 인종, 신조, 성별, 사회적 신분, 가문에 의하여 정치적, 경제적 또는 사회적 관계에서 차별받지 않는다라는 부분이 명시되어 있다. 그러나 현실적으로 가난한 집의 자식은 부유한(연소득이 높은) 가정의 자식에 비해 법조계에 입문할 가능성이 낮다. 일본의 경우 재판관이나 변호사, 검사가 되기 위해서는 사법시험을 봐서 합격해야 하고, 사법시험은 2006년에 새로 변경되어 법과대학원의 과정을 수료한 자가 치를 수 있다. 즉 법과대학원 수료자 2천8백7명이 시험에 응시해 1천9명이 합격했다면 이들 중 법과대학원 수료자의 사법시험 합격률은 50%에 해당한다. 즉 법과대학원에 다니게 되면 그만큼 사법시험에 합격하기 쉽다는 것이다. 그런데 안타깝게도 법과대학원의 학비는 일반 서민이 감당하기에 너무 비싸다. 가난한 가정에서는 고액의 교육비를 감당하기 어렵다는 결론이다. 부모의 가난 때문에 그 자녀가 검사, 판사, 변호사가 될 수 있는 가능성도 줄어드는 것이다.

최근 들어 창의력이나 인간관계, 협동심 등을 더 중시하고 학력으로만 사람을 평가하지 않는다는 분위기가 확산되고 있다지만 고용이나 진급에 학력이 영향을 미치지 않는다고 생각하는 사람은 아무도 없다.

부모의 가난이 교육비 감소로 이어지는 현실, 충분히 교육받지 못한 자녀가 다시 워킹푸어가 되는 현상. 이는 평등 사회의 기본인 기회 균등의 상실을 의미하는 것이 아닐까?

주7) 정상적인 부부생활을 영위하면서 의도적으로 자녀를 두지 않는 맞벌이부부를 일컫는 용어.

한 가정을 책임졌던
아버지가 존경스럽다

| 33세(남), 홈헬퍼, 편의점 점원, 4년제 대학 중퇴

월세 4만 2천 엔(원화 약 3십만 원)의 작은 집에서 4년째 혼자 살고 있는 M씨. 그에게는 부모님과 남동생이 한 명 있지만 현재는 가족 모두가 따로 살고 있다. M씨의 아버지는 교토 등지의 서일본에서만 살다가 서른한 살이 되던 해 회사의 전근으로 가족을 이끌고 대도시 도쿄로 이사했다. 현재 그의 어머니는 통합실조증(2002년까지 정신분열증으로 불림)이라는 병을 앓고 있어 장기입원중이며, 남동생은 전기관련 회사의 사원 기숙사에서 생활하고 있다.

M씨는 두 개의 아르바이트로 생활비를 감당하고 있었는데 그 중 한 가지는 뇌성마비로 전신을 움직일 수 없는 사람을 돕는 일이다. 한 달 겨우 2십만 원 정도의 수입, 또 한 가지 아르바이트는 편의점 아르바이트로 한 달 5십만 원 정도의 수입. 7십만 원 정도가 그의 한 달 수입 전부다.

생활을 위해 어쩔 수 없이 편의점 아르바이트를 하고 있지만 온갖 첨가제가 들어 있는 도시락을 전자레인지로 데워 팔고, 포장이 잘 벗겨지도록 기름이 발라져있는 가공식품류를 팔고 있는 자신이 한심스럽다는 M씨는 교통비도 지급되지 않는 아르바이트로 생활을 유지하고 있다. 그가 두 곳의 아르바이트 장소를 다니며 사용하는 교통비는 한 달 평균 1십6만 원이 넘는 금액으로 월세를 비롯해 이런 저런 비용을 충당하고 나면 돈 모으는 일 같은 것은 꿈도 꿀 수 없는 현실이다.

M씨가 몸이 불편한 사람들을 돕는 도우미 아르바이트를 시작하게 된 것은 몇 년 전 일로, 대학만 8년을 다니다 학점 부족으로 졸업하지 못해 제적을 당한 후였다. 주로 하는 일은 전신을 움직일 수 없는 사람을 도와 병원에 간다든지, 지하철이나 버스를 타고 외출하는 일을 돕는 일, 식사를 만들어 주는 일, 화장실 갈 때 보조하고 세탁이나 방 청소 등을 대신 해주는 일로 최근 들어 그나마 많이 늘어나고 있는 홈헬퍼(Home Helper)다.

언뜻 들어보면 꽤 쉬운 일 같지만 사실 그렇지도 않은 것이 낮 근무와 밤 근무로 나누어 2교대로 일하는데 낮 근무는 오전 10시부터 오후 8시까지, 밤 근무는 오후 8시부터 다음 날 오전 10시까지로 꽤 힘든 일에 속한다. 밤 근무 경우엔 몸이 불편한 사람들 몸에 욕창이 생기지 않도록 계속 돌아 눕혀줘야 하고, 화장실 문제를 책임져야 했기 때문에 밤 근무라고 해서 편히 눈을 붙일만한 여유는 없다. 게다가 65세 이상의 환자를 돌보기 위해서는 홈헬퍼 2급 자격증도 갖춰야 하기 때문에 틈틈이 자격증 공부도 해야 한다.

M씨가 대학을 8년이나 다니게 된 이유는 사회성 불안장애라는 병을 앓고 있기 때문이었다. 사람들이 많은 장소에 가거나 남들 앞에서 발표하는 것을 두려워해 생기는 불안증세로 홍조나 현기증 등의 증상이 나타나는 마음의 병. 고등학교에 입학했을 때는 주변에 모르는 학생들만 있다는 그 자체만으로도 큰 부담이 되어 자주 학교를 결석하기도 했다. 좁은 교실이나 익숙지 않은 공간의 낯섦, 스트레스, 그는 결국 고등학교마저도 자퇴했다.

고등학교를 자퇴했던 그해 여름 그는 교토의 집으로 돌아가 대학 입학을 위해 필사적으로 공부했다. 처음엔 학원을 다녔으나 학교와 마찬가지로 낯선 이들을 대하는 어려움 때문에 집에서 혼자할 수 있는 독학을 선택했다. 오전 중엔 주로 쓰기 중심으로 공부하고, 오후에는 냉방이 되는 도서관에 가서 교과

서를 읽으며 독학으로 독일어를 공부했다. 그리고 독일어 시험이 있는 대학에 지원하여 독일어, 지리, 국어 세 과목의 시험을 치르고 합격했다.

M씨가 대학에 입학한 것은 스물한 살이 되던 해였다. 하지만 대학생활도 그다지 순탄하진 않았다. 그는 대학입시를 위해 독학으로 독일어를 공부, 독일어로 된 원서를 읽을 정도의 실력을 쌓았다. 하지만 대학에서의 독일어 수업이란 알파벳부터 시작하는 단계였다. 자연스럽게 대학 수업에도 흥미를 잃었다. 착실하게 노력해 대학에 입학하기는 했지만 원활한 학교생활은 어려웠다. 결국 그는 잦은 결석으로 학점을 딸 수 없었고, 유급은 반복되었다.

대학을 5년째 다니면서는 더 이상 부모님께 손을 벌릴 수 없어 혼자 집을 얻어 살기로 했다. 그리고 대학에 다닌 지 6년째, 한 철도회사의 계약사원으로 취직했다. 오후 8시부터 다음 날 오전 9시까지 일하는 숙박 근무로 표를 사지 않고 개찰구를 넘어가는 사람들을 감시하거나 몸이 불편한 사람들의 철도 이용을 돕는 일 등으로 일종의 잡무를 처리하는 심부름꾼 같은 일이 주된 업무였다. 하지만 도심의 큰 역에서 평소 관심 있던 철도회사에서의 근무는 그에게 색다른 즐거움을 주었다. 그가 받은 급여는 숙직 근무 1회당 8~9천 엔 정도(원화 7만 원 대), 일주일에 3~4회 일하고 월 2십만 엔(원화 1백6십만 원) 정도로 수입은 나쁘지 않았다. 비록 대학등록금 때문에 시작한 일이었지만 일을 하다 보니 흥미도 있었고, 무엇보다 즐거웠던 M씨는 월급을 받으면 큐슈나 홋카이도 여행을 즐기기도 했다. 하지만 대학등록금을 위해 일을 시작했다는 사실보다는 시간이 갈수록 직장인과 같은 생활 방식에 젖어들었고, 직장동료들과의 시간을 보내다보면 하루 3시간 잠자기도 모자랐다. 결국 대학에 계속 다니는 것은 힘들어졌다.

스물여덟이 된 M씨는 대학 4학년을 네 번 반복한 끝에 제적당했다. 그가 대학에서 제적을 당했을 때 사회적 분위기는 심한 불경기로 '취업빙하기'라 불릴 만큼 취업이 어려웠다. 대학을 우수한 성적으로 졸업하더라도 취업의 문턱은 높기만 했다. 너도나도 대학공부를 계속하기 보다는 어떻게든 기업에 빨리 들어가서 바로 경력을 쌓거나 기술을 익히자는 캠퍼스 분위기 속에서 이미 계약직으로 일하고 있는 M씨는 오히려 그들에겐 부러움의 대상이었다.

비록 계약 사원이었지만 직장 건강보험에도 가입됐었고, 업무 자체에도 진지하게 임했던 M씨는 안타깝게도 철도회사를 오래 다닐 수 없었다. 어느 동료의 일에 참견하게 되어 결국 해고당했기 때문이다. 이유는 자신의 동료가 한 고객으로부터 불평 메일을 받고 재계약에서 밀려나 해고, 다른 철도회사에 들어갔는데 M씨 역시 그가 못마땅해 새로 취직한 철도회사의 상사에게 문제가 많은 사람이니 신경을 쓰는 게 좋을 거라며 메일을 보냈던 것이다. 하지만 해당 철도회사는 아무리 해고를 당해 자신의 회사로 이직했더라도 이전 회사의 내부정보와 다름없는 직원 관련 사항을 타사에 알리는 것은 있을 수 없는 일이라며 오히려 M씨를 나무랐다. M씨는 자신의 잘못을 인정하고 이마가 땅에 닿도록 무릎 꿇고 사과했지만 결국 그 해 5월, 계약 중단을 통고 받았다.

"아버지가 저희 가족을 모두 데리고 도쿄로 이사를 한 것이 서른한 살 때였는데 지금 제 나이 서른셋이 되어 그때의 아버지를 생각하면 정말 대단한 것 같아요. 저는 그만큼의 결단력도, 그만큼의 용기도 없으니까요. 지금의 저보다도 어린 나이에 한 가정을 책임지셨잖아요."

빚 청산은 생명보험으로….

| 59세(남), 편의점 아르바이트, 전문대학 졸업

일본 한 시내의 원룸 맨션에서 늙은 어머니와 단둘이 생활하고 있는 L씨는 고등학교 비상근 강사로 일하고 있다. 그의 주된 업무는 장애를 가진 학생의 학습보조로 오후 5시까지 학교로 출근하여 학생을 태우고 오는 보호자를 기다리면서 시작된다. 학생의 휠체어를 밀고 교실로 이동, 장애 학생의 옆에 앉아 담임교사의 수업을 함께 들으며 학생에게 보충지도를 하는 일. 그가 처음이 일을 시작하게 된 것은 홈헬퍼와 교육자격을 모두 갖춘 사람을 찾는다는

친구의 말에 선뜻 손을 들면서부터였다. 마침 그는 마땅한 일자리가 없어 지역 생활보호 상담소에서 상담을 받고 있었다.

맨 처음 맡게 된 아이는 고등학교 1학년 남자 아이로, 장애가 심해 손과 발을 움직이는 것조차 마음대로 할 수 없는 중증장애아였다. 언어장애도 함께 있어 겨우 "으, 아" 정도의 소리만 낼 뿐 말은 할 수 없었다. 하지만 아이에게 수학문제를 알려주고 아이가 답을 알았을 때는 살짝 입 꼬리를 올려 미소를 짓는다든지, 조금이라도 손을 올려 신호를 보내기 때문에 아이를 이해하고 있다는 생각으로 일을 할 수 있었다. 뿐만 아니라 아이의 어머니와 함께 아이의 기저귀를 갈아준다든지, 배설 시 도움 주는 일을 하다보면 점점 더 깊은 대화도 가능하다는 생각이 들었기 때문에 L씨는 조금도 힘들다는 생각 없이 기쁜 마음으로 일할 수 있었다.

L씨가 근무하는 학교는 정시 근무제로 오후 5시부터 오후 9시까지 일하고 시급으로 2천4백5십 엔(원화 약 1만 9천6백 원)을 받았다. 1주일에 19시간 일하고 월급은 1십8만 6천2백 엔(원화 약 1백5십만 원), 연소득 2백2십만 엔(원화 약 1천8백만 원)이다.

물론 그에게도 잘 나가던 시절이 있었다. 그의 아버지는 한 회사의 대표로 학교졸업앨범, 기업사보에 실릴 사진촬영, 그래픽디자인, 밑그림 작업까지 제작 전반을 맡아 일하는 광고 회사의 대표였는데 정사원이 10명, 파트타임이나 프리랜서 사진작가만 해도 수없이 드나드는 꽤 탄탄한 기업의 소유주였다.

L씨는 지금까지 회사 중역에서부터 경비원, 홈헬퍼 등의 다양한 경험을 갖고 있었는데 이유는 한가롭고 태평했던 대학에서의 생활을 졸업하고 중학교 교원채용시험을 봤지만 번번이 실패를 했기 때문이었다. 그래서 그는 학생시절부터 고서적 가게에서의 아르바이트를 하며 아버지를 돕다가 나중엔 아예 경영을 맡게 되었던 것이다.

그가 처음 아버지를 돕기 시작했을 때 지하철 오오에도(일본의 지방 온천으로 유명) 선이 개통되면서 철로공사를 담당하던 회사로부터 홍보 의뢰를 받았고, 겨우 스물다섯이었던 그의 월급은 3십5만~4십만 엔(원화 약 3백만 원)이나 되었다. 당시는 어느 회사나 홍보에 상당한 비용을 들이던 1980년 대 중반으로 거품경제의 최고조였다. 거래도 하지 않는 은행에서 직접 직원이 찾아와 자신의 은행에서 자금을 끌어다 써달라고 부탁하던 시절, 그가 생각하기에도 너무나 이상했던 시절이었다.

실속 없는 거품이 시간이 지남에 따라 어느새 사라져버리듯 그의 아버지가 사무실 계단에서 넘어지며 뇌 좌상으로 입원하게 되면서 회사의 내부 사정을 알게 된 L씨. 회사의 빚은 7천만 엔(원화 약 5십6억 원)이나 되었다. 아버지가 쓰러지자마자 어린 L씨는 빨리 빚을 갚으라는 거래처들로부터 궁지에 몰렸다. 그러나 그는 당혹감 속에서도 용기를 잃지 않고 거래처 대표들을 모아놓고 5개 회사의 생명보험 계약서를 내밀었다. "빌딩에서 투신자살을 해서라도 이것들을 돈으로 바꿔 빚을 갚겠습니다. 어느 보험사의 증권이 가장 마음에 드는지 선택해주십시오." 물론 투신자살을 말한 건 어린 L씨의 패기였지만 자살 소동으로 시끄러워지는 것을 두려워한 거래처 대표들은 한발 물러서주었다. 하지만 L씨의 고생은 그때부터였다.

잠시 회사의 경영을 맡아할 테니 다른 회사에 다니며 공부를 해보라는 형의 배려로 L씨는 일본 시부야의 한 백화점에서 2년 간 근무했다. 그리고 다시 회사로 돌아와 형과 함께 경영을 맡았지만 회사의 가장 큰 고객이던 학교의 학생 수가 어려운 경제사정으로 인해 아이를 낳지 않는 부부가 늘어나면서 줄어들기 시작했고, 행사 건수는 그대로지만 학생 수가 줄어 매출도 자연스럽게 줄어들었다. 이때 L씨의 월급은 1~5만 엔 정도(원화 약 8만 원에서 4십만 원 정도). 그나마 아버지가 쓰러지기 전 구매했던 집이 있었기 때문에 식비를 제외한 모든 돈을 직원 급여 및 자재비로 쓸 수 있었다. 하지만 생활에는 큰 불편함이 없더라도 줄어드는 수입과 늘어만 가는 지출 속에서 그는 어쩔 수 없는 해고도 병행해야 했다.

L씨는 회사를 살리기 위해 밤낮 없이 뛰어다니며 학교 앨범 주문을 잡고, 제작을 위해 한밤중에 프린트를 하고, 새벽에는 인쇄를 하면서 72시간 동안 잠도 자지 않고 일했다. 그러나 그에 대한 결과는 과로로 인한 병마와 우울증 뿐이었다. 그는 우울증으로 낮에는 외출도 하지 않았고, 결국 형과 심한 싸움 끝에 회사를 그만두었다.

가족이 경영했던 회사를 그만 둔 L씨는 어머니의 소개로 우체국 경비 일을 시작했다. 하루 5시간 일하고 시급은 1천 엔(원화 약 8천 원), 6개월을 일했다. 점심시간이 되면 우체국 정직원과 교대해 우표를 팔기도 했고, 무거운 짐을 들고 있는 고객에게 먼저 다가가 짐을 대신 들어주기도 하고, 우체국 앞에 있는 자전거를 정리하기도 하면서 신뢰를 쌓았다. 또 몸이 불편한 부모님을 보살피며 복지관련 일에 관심을 갖고 홈헬퍼 2급 자격증을 취득했다.

L씨가 홈헬퍼 2급 자격증을 취득하던 해의 9월, 그의 어머니가 넘어져 골절상을 입게 되고, 어머니는 데이서비스(Day Service : 생활이 불편한 노인을 양로원 등의 시설에 보내 목욕이나 식사를 제공하는 서비스)에 입원, 병원비를 줄이기 위해 L씨가 간호를 했다. 그리고 어머니가 계셨던 특수 노인시설에서 자원봉사를 하며 시설장의 권유로 잠시 일을 하게 되었는데 수습기간

1개월 동안은 시급 1천 엔(원화 약 8천 원), 2개월째부터는 1천 3백 엔(원화 약 1만 원), 야근수당도 하루 5천 엔(원화 약 4만 원), 월 4회 1십6만 엔(원화 약 1백 2십만 원)을 받았다.

L씨는 그곳에서 사회복지의 현실을 보게 되었다. 압도적으로 일할 사람이 부족한 현실, 몸이 불편해 입원한 환자들은 평균 60명인데 간호할 사람은 겨우 몇 명, 그나마 밤에 함께 있어주는 직원은 자신처럼 보조 역할을 하는 사람이 전부이고 겨우 세 명에 불과했다. 세 명이 하룻밤에 두 번씩 30명 이상 되는 사람들의 기저귀를 갈고, 욕창이 생기지 않도록 두 시간마다 자세를 바꿔주고, 갑자기 증상이 악화되는 환자라도 발생하면 심장 마사지나 인공호흡 등 간단한 의료 행위도 해야 하는 현실. 그나마 의식이 없는 환자가 발생하기라도 하면 한 명은 환자의 가족과 시설장, 간호사 등에게 연락을 하고, 나머지 두 명이 남은 환자 몇 십 명을 돌봐야 하는 현실. 결국 피로에 지친 L씨는 아버지의 회사에서 힘든 시간을 보냈던 것보다 더 심각한 위기에 빠졌다.

엎친 데 덮친 격이랄까, 형마저 경영에 실패해 빚은 더 늘어났고 결국 1억 엔(원화 약 8억)의 빚이 더 늘었다. L씨는 어떻게든 살아야 한다는 생각에 집을 팔았고 채권자인 은행과 합의해 집의 등기나 명의가 바뀔 때까지 어느 정도의 이사 비용과 약간의 생활비를 보조받을 수 있었다. 그리고 현재 살고

있는 원룸 맨션으로 이사했다. 어떻게든 몸이 불편한 어머니와 살아가야 하
니까….

ᘒᘒ

종신고용제도란, 근로자가 한 번 입사하면
정년이 될 때까지 한 회사에 다닌다는 뜻이다.
그리고
연공서열 임금제도란, 근로자가 한 회사에 오래 근무할수록
그 지위나 임금이 상승해가는 구조를 말한다.

1990년대 거품경제의 거품이 붕괴된 이후
일본의 기업은 그간의 노사관계를 확립해주던
종신고용제도와 연공서열 임금제도를 유지하기 어려워졌다.

파견 직원이란, 기업에게 있어서는 매우 편리한 존재지만
고용되는 입장에서는 매우 가혹한 상황에 놓이게 되는 필요악이다.
여기에
'이중 파견' 이라는 문제까지 겹치면
파견 직원이 겪어야 하는 괴로움은 상상을 초월한다.

워킹푸어(Working Poor)란, 하루하루 열심히 일하고 있지만
아무리 시간이 흘러도 생활보호 수준의 가난에서 벗어날 수 없는 사람들을 가리킨다.

The Working Poor

part/   03

고용 봉괴

종신고용과 연공서열

종신고용이나 연공서열 임금이라고 하는 일본형의 고용 관행을 지지하는 사람의 비율이 높아지고 있다. 이는 독립 행정법인인 노동정책연구·연수기구에서 작년 8~9월에 실시한 조사에서 밝혀졌다. 종신고용 지지율은 78%, 연공서열 지지율은 66.7%로 1999년에 조사를 시작한 이후 가장 높았다.

≪2005년 4월 아사히신문≫

| 한 번 입사한 직원은 정년까지 고용을 보장하며
지위나 임금은 나이순

1950년대 이후, 일본의 기업은 대기업을 중심으로 유럽, 미국의 기업과는 다른 독자적인 고용 시스템을 채용했다. 바로 종신고용제가 그것이다. 종신고용제도란, 근로자가 한 번 입사하게 되면 정년퇴직을 할 때까지 한 회사에 다닐 수 있도록 고용을 보장한다는 것이다. 물론 요즘 시대에는 너무나 꿈같은 소리다. 빈번하게 일어나는 이직과 해고, 고작 몇 개월에서 1년 남짓한 계약직이 난무하는 요즘은 한 회사에서 정년퇴직을 할 때까지 버틴다는 것은 그야 말로 신의 축복이 아니고서는 어려운 일이니까.

우리가 기본적으로 알고 있는 것처럼 기업은 이윤을 추구하고, 이윤의 많고 적음에 따라 고용 역시 탄력적으로 조정한다. 그렇다면 어떻게 일본은 종신고 용제도의 실현을 가능하게 했을까? 사실 일본에서도 제도적으로는 종신고용 을 규정해놓지 않았다. 즉 노동법상에도 기업 측의 일방적 해고는 불가라든 지, 근로자 종신고용 등을 명시해 놓지는 않아서 모든 근로자는 퇴직의 자유 가 있고, 고용자 역시 해고의 자유가 있다. 하지만 오래 축적된 고용분쟁의 판 례를 보면 고용자의 해고 관련 권한은 크게 제약되었고, 고용관계를 지속하는 인사재량에는 상당한 관용을 베풀었다.

종신고용제도를 기업 내부에서 지지하도록 만든 역할은 바로 연공서열 임 금제도이다. 연공서열 임금제도란, 근로자가 한 회사에 오래 근무하면 할수록 그 지위나 임금이 상승해 가는 임금제도로, 한 회사에서의 근속연수가 길면 길수록 그 지위나 임금이 상승하기 때문에 다른 회사로의 이직은 근로자에게 있어 불리하며 근로자는 자연스레 자신이 몸담고 있는 기업에 대한 마음이 강 해지고, 이직은 생각지 않게 만든다는 제도이다.

미국이나 유럽 등 다른 나라에서는 기본적으로 필요할 때 필요한 인재를 채용하여 사용한다. 즉 기업 내에서 직원의 훈련을 담당하는 것이 아니라 이미 기술을 갖고 있는 인재를 외부로부터 조달한다. 하지만 종신고용제도를 실시하는 일본의 경우는 고등학교나 대학교를 갓 졸업한 새내기들을 채용해 기업 내에서 기업이 필요로 하는 직원을 만들기 위해 각종 업무 교육부터 기술교육을 실시하여 인재를 양성한다.

종신고용제도와 연공서열 임금제도가 하나로 잘 어우러지기 위해서는 반드시 두 개의 조건이 필요하다. 하나는 기업이 안정적인 성장을 해야 하는 것, 두 번째는 사회 전체의 인구 구성이 항상 피라미드형을 유지해야 한다는 것이다. 다시 말해 연공서열 임금제도를 실시하게 되면 기업 내부에서는 젊은 사원으로부터 중장년층 사원에게로의 소득 이전(移轉)이 이루어진다.

이제 막 입사한 신입사원은 능력이나 노동생산성에 비해 임금이 매우 낮은 수준으로 제한되어 있다. 반면, 중장년층 관리직은 대부분의 경우 능력보다는 높은 임금을 받는다. 그럼에도 불구하고 신입사원은 불만을 토로하지 않는다. 왜냐하면 시간이 흘러 그들 자신이 중장년층의 관리직이 됐을 때 미래의 젊은 근로자들로부터 소득 이전을 받을 수 있다는 것을 잘 알고 있기 때문이다.

이와 같은 세대 간의 소득 이전은 전 생애를 통해 보면 어느 근로자나 공평하게 임금을 받을 수 있도록 해주는 장치로 고용안정과 함께 근로자의 생활을 보장해주므로 기업의 이윤에도 큰 영향을 미친다.

※ 일본의 노사관계

교육	직장 내 · 외에서 이루어지는 각종 교육을 통해 직원이 다양한 기술을 익힐 수 있도록 한다.
직무	직종을 세분화하고 직원들의 배치에 변화를 주어 다양한 직무를 접할 수 있도록 한다.
보수	기초임금 외에도 보너스와 승진 기회 등을 제공해 직원의 의욕을 고취시킨다.
참여	활발한 커뮤니케이션(의사전달)으로 현안 해결을 추진하고, 단체교섭 및 노사합의를 통해 원활한 노사관계를 이끌어낸다.

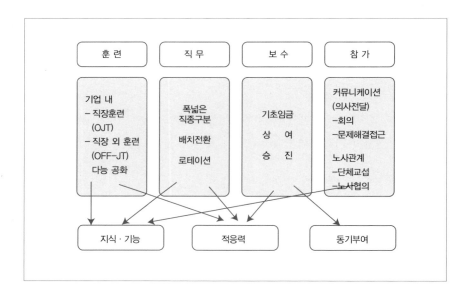

일본 노사관계의 붕괴

🎵 통계청이 1일 발표한 고령자통계에 따르면 우리나라의 고령화 속도는 경제협력개발기구
(OECD) 회원국 가운데 단연 1위에 올라 있다. 우리나라는 지난 2000년 65세 이상 인구
가 총인구의 7%를 넘어서면서 이미 '고령화 사회(Aging Society)'에 진입했다.

≪2004년 10월 한겨레≫

| 장기불황과 인구 구성비의 변화가 일본 기업을 무너뜨리다.

1950년대부터 1980년대까지, 종신고용제도와 연공서열 임금제도를 사용
한 일본의 기업은 매우 안정적으로 성장했다. 매출액은 증가하고, 업무분야는
확대됐으며, 대부분의 대기업은 매년 많은 신규직원을 채용할 수 있었다. 물
론 안정적인 피라미드형 인구구성도 잘 유지되었으며 청년인구 층이 두터워
젊은 노동력은 언제나 풍부하게 공급되었다. 즉 중장년층 관리직의 높은 임금
을 가능하게 하는 저임금의 젊은 노동력이 쉽게 충원되었다.

1990년대 거품경제 붕괴 이후 기업은 그동안의 노사관계를 확립해주던 종신고용제도와 연공서열 임금제도를 더 이상 유지할 수 없었다. 게다가 낮은 출산율과 고령화의 급속한 진전은 피라미드의 아래 부분을 구성하는 젊은 노동력을 줄어들게 했다. 이는 곧 중장년층 관리직의 높은 임금을 저임금의 젊은 노동력으로 더 이상 지탱하는 것이 불가능해졌다는 뜻으로 연공서열 임금제도를 유지할 수 없다는 뜻이었다. 결국 일본의 기업은 중장년층의 고용을 정년까지 보장하기가 어려워졌고, 종신고용제도는 계속 유지되지 못했다.

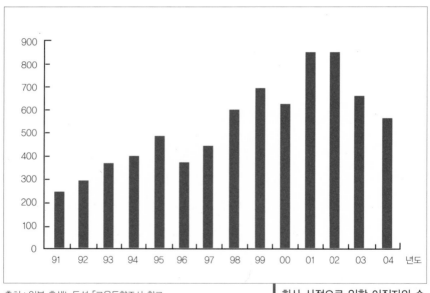

출처 : 일본 후생노동성 「고용동향조사」참고 | 회사 사정으로 인한 이직자의 수

일본, 각계각층에서는 저성장 시대의 일본식 노사관계인 종신고용제도나 연공서열 임금제도를 더 이상 고집해서는 안 된다는 주장을 펼쳤고, 인건비 부담이 높아진 기업은 임금이 높은 중장년층을 중심으로 한 구조조정을 추진했다. 실제로 일본 후생노동성의 「고용동향조사」 중 「회사 사정으로 인한 이직자 수」를 보면 1991년에는 2십5만 1천3백 명이었던 수가 2001년에는 8십4만 2천3백 명이 되어 10년 간 무려 3.4배가 늘어났다. 여기에 더해 기업은 인건비 부담을 더 줄여보고자 퇴직금을 더 주는 조건으로 조기퇴직우선제도와 희망퇴직제도까지 도입했다. 결국 탄탄했던 일본의 기업은 흔들렸고, 노사관계는 무너졌으며 중장년층의 워킹푸어를 창출했다.

파견직의 등장

국내 기업 10곳 중 4곳은 기존 비정규직 노동자와의 계약을 해지하고 외주 용역이나 파견으로 변경할 계획을 가지고 있는 것으로 나타났다. 지난 1일부터 시행된 개정 비정규직법이 정부의 예상과는 다른 방향으로 나타나고 있는 것이다.

≪2007년 7월 한겨레≫

| 기업의 입장에서는 언제라도 쳐낼 수 있는 파견직이 좋다.

더 이상 종신고용제도와 연공서열 임금제도를 유지하기 어려워진 1990년대 이후의 일본 기업은 미국이나 유럽과 같이 구조조정에 따른 인건비 삭감을 도모하게 됐다. 결과, 이 시점에서 일본 종신고용의 신화는 완전히 붕괴됐다. 거품경제의 붕괴로 최대의 불황을 경험한 일본은 경기의 회복 조짐을 체감하면서도 신규채용에 소극적인 태도를 취하게 되었고, 정규직 채용에 대해서는 더욱 신경을 곤두세웠다. 정규직을 채용하면 장기간에 걸쳐 고용을 보장해야 하고 혹시라도 다시 불경기가 되었을 때 인건비 부담의 상승을 감당하기 어렵기 때문이었다. 따라서 기업은 정규직 고용을 피하고, 여기에 더해 기존의 정규직을 비정규직화했으며, 새로운 인력이 필요할 때는 유사 시 언제라도 잘라낼 수 있는 비정규직을 적극적으로 활용하게 됐다.

파견직에는 등록형과 상용고용형의 두 종류가 있다. 등록형은 파견사업소가 파견을 희망하는 근로자를 등록해두고, 실제로 근로자를 파견할 때는 등록되어 있는 사람 중에서 선택하여 해당 기간 동안 파견사업소에 고용, 파견처로 파견을 보내는 것이다. 이에 비해 상용고용형은 근로자가 파견사업소에 상시

※ 파견직과 청부직

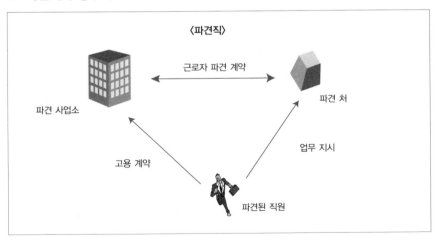

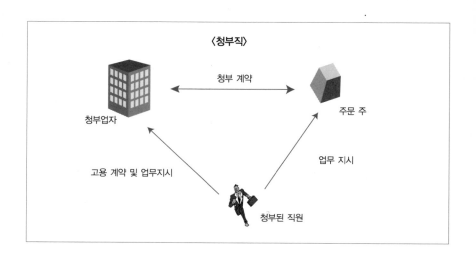

〈청부직〉

청부 계약

청부업자

주문 주

고용 계약 및 업무지시

업무 지시

청부된 직원

고용되어 있는 상태로 값싼 정규직과 비슷하다고 할 수 있다. 즉 등록형 파견직과 비슷해 보이지만 사실은 다른 의미의 청부직이다. 등록형의 경우, 사실상은 파견사업소와 고용관계를 맺고 있어 업무의 지시 또한 파견처로부터 받으며 파견사업소와 파견처가 근로자 파견 계약을 맺음으로써 성립한다. 반면 상용고용형의 경우는 인력을 필요로 하는 청부업자와 고용관계를 맺고 근로자는 청부업자로부터 업무지시를 받는다. 이렇게 파견처 역할을 하는 곳을 주문 주(기업이 아닌 개인이 대부분)라 하고 청부업자는 그 주문 주와 청부계약을 맺음으로써 언제든 인력을 필요로 할 때 공급을 받을 수 있게 되는 것이다.

일본 후생노동성에서 집계한 파견직의 수는 1990년대 이후 급속도로 증가

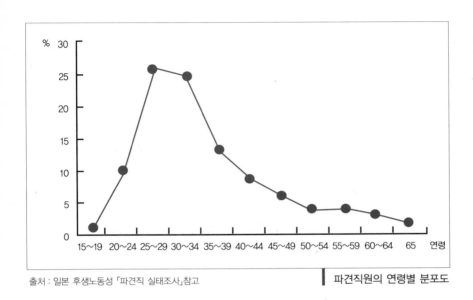

출처 : 일본 후생노동성 「파견직 실태조사」참고

파견직원의 연령별 분포도

하고 있다. 위의 그래프를 보더라도 1992년에는 6십5만 명이었던 수가 2004
년에는 2백2십6만 명으로 12년 간 3.5배나 증가했음을 알 수 있다.

2004년 일본 후생노동성이 실시한 「파견직 실태조사」에서도 전체 파견직
의 50%는 25~35세의 청년층이었으며 평균 연령은 남성 37세, 여성 34세였
다. 그리고 학력의 경우에는 남녀 모두 고등학교 졸업자였다. 그렇다면 이들
은 얼마를 받으며 일할까?

파견직이 되어 받을 수 있는 급여는 시급으로 환산했을 때 평균 1천2백8십

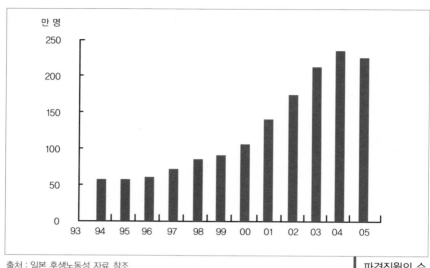

출처 : 일본 후생노동성 자료 참조

| 파견직원의 수

1 엔(원화 약 1만 원)으로 업종별 임금수준을 보더라도 큰 차이가 없다. 정보통신산업의 시급이 가장 높았지만 1천4백4십 엔(원화 약 1만 1천 원)에 불과했고, 반대로 가장 낮은 급여를 받는 의료와 복지산업의 경우에도 9백7십1엔(원화 약 7천 원)정도였다.

파견직에 종사하는 이들을 대상으로 설문조사를 했는데, 파견직이 싫은 이유로 장기 고용보장이 없기 때문에 불안하다는 응답 비율이 전체의 50%나 됐다. 또한 현재 일은 하고 있지만 앞으로의 업무 고용계약에 따른 갱신여부가 불안하다는 응답도 전체의 32.2%, 자신에게 맞는 계약기간이나 업무를 골라서 할 수 있기 때문에 좋다는 응답이 42.8%였다. 그리고 파견업체에 가장 많이 바라는 내용으로는 임금제도의 개선이 무려 90%를 넘었다.

파견직을 괴롭히는 것들

비정규직법 시행에 맞춰 개정된 근로자파견법은 불법파견으로 2년 이상 근무한 자에 대해서는 원청사의 직접고용을 의무화하고 있다. 구법도 해당자에 대해서는 직접 고용한 것으로 간주한다는 '고용의제' 조항을 채택하고 있다.

≪2007년 10월 머니투데이≫

| 파견직인 것도 서러운데 이중파견에 위장청부고용까지

파견직이란, 기업에게 있어서는 매우 편리한 존재지만, 고용되는 입장에서는 너무나 가혹한 상황에 놓이게 된다. 그런데 여기에 '이중파견'이라는 문제까지 겹친다면 파견직원이 겪어야 하는 괴로움은 그 상상을 초월한다.

일반적인 파견계약은 파견사업소 A가 파견처 B와 계약을 맺고, 파견사업소에 등록되어 있는 직원 a를 파견처 B로 보내는 것을 말한다.

이중파견이란, 파견처 B가 파견직원 a를 다시 제3의 파견처 C에 보내 일을 하도록 하는 것이다. 물론 현행 노동자파견법에서는 이중 파견을 금지하고 있다. 이중파견 행위가 횡행하면 파견직원은 파견사업소에 더 많은 임금을 떼어먹히고, 파견직원의 수중에 남는 금액은 매우 작기 때문이다. 그러나 일부 기업은 이러한 이중계약이 불법이라는 것을 알고 있기 때문에 청부계약이라는 형태로 근로자가 받아야 할 몫을 챙긴다.

파견사업소 A는 파견처 B와 계약을 맺고 직원 a를 파견한다. 그러면 파견처 B는 다시 다른 파견처 C와 청부계약을 맺어 직원 a를 파견처 C로 파견한다. 이렇게 되면 파견처 B와 C가 맺고 있는 것은 사실상 파견계약이 아닌 청부계약이기 때문에 이중 파견에 해당되지 않는다는 것이다. 즉 청부계약이기 때문에 직원 a는 파견처 B에게 업무지시를 받는 것이 규정이지만 실제로는 파견처 C가 업무지시를 하고, 이러한 청부계약을 위장청부라고 한다.

파견처 B는 따지고 보면 파견직원 a에게 일을 시킬 생각이 없다. 단지 파견처 C에게 직원 a를 넘기고 청부계약 비용만 챙긴다. 원래 파견처 C는 직원 a를 관리할 권리가 없지만 실제로는 직원 a를 자사의 사원과 동일한 수준으로 엄격하게 관리한다. 이 결과 직원 a는 임금을 이중으로 떼어먹힐 뿐 아니라 매우 가혹한 근무환경에 처하게 된다.

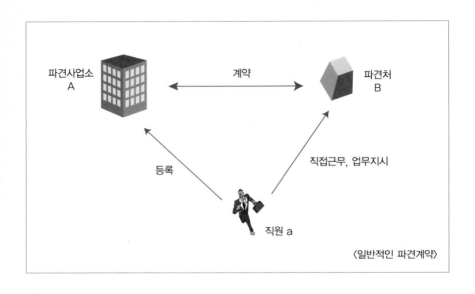

파견사업소
A

계약

파견처
B

등록

직접근무, 업무지시

직원 a

〈일반적인 파견계약〉

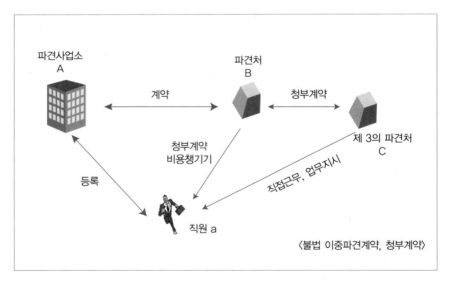

파견사업소
A

계약

파견처
B

청부계약

제 3의 파견처
C

청부계약
비용챙기기

등록

직접근무, 업무지시

직원 a

〈불법 이중파견계약, 청부계약〉

다음은 일본 도쿄에서 실제로 일어났던 일이다.

20대의 H씨는 2002년 10월부터 2003년 3월까지 5개월 동안 한 파견사업소에 소속되어 도쿄 내의 가전판매점에서 DDI포켓사의 휴대전화 판매를 담당했다. 그런데 H씨는 이 기간 동안 업무상의 실수나 지각 등을 이유로 파견사업소의 직원이나 가전판매점의 직원으로부터 빈번한 폭행을 당했다. 그리고 마침내 2003년 3월 14일 파견사업소의 직원은 H씨의 집에까지 쳐들어가 H씨의 어머니가 보는 앞에서 갈비뼈가 부러지도록 그를 폭행했다.

H씨와 H씨의 어머니는 가전판매점과 파견사업소 직원을 상대로 소송을 걸었고, 2005년 10월 4일 도쿄지방법원은 가전판매점과 파견사업소 직원에게 5백6십만 엔(원화 약 4천5백만 원)을 배상하도록 판결했다.

H씨가 이렇게까지 가혹한 근무환경에 처하게 된 이유는 바로 위장청부 때문이다. 파견사업소는 H씨를 DDI포켓사에 파견하고, DDI포켓사는 다시 H씨를 판매매장을 운영하는 요도바시카메라사에 파견하여 휴대전화를 판매토록한 것이다. 즉 폭행을 당한 H씨는 DDI포켓사에 파견되어 있었지만 그곳에서 다시 청부계약이라는 형태로 요도바시카메라사에 파견된 것으로 H씨는 파견회사, DDI포켓사, 요도바시카메라사 세 기업 중 요도바시카메라사의 매장에서 실제로 근무하며 학대를 당했던 것이다.

요도바시카메라사는 매장을 제공한다는 이유로 H씨에 대한 절대적인 권리를 행사하며 저렴한 인건비로 H라는 직원을 마음대로 부렸다. 그리고 인건비는 매장을 확보하려는 DDI포켓사에서 나왔다. 원칙대로라면 DDI포켓사와 요도바시카메라사는 청부계약관계였기 때문에 H씨의 업무지휘권은 DDI포켓사 측에서 갖고 있어야 한다. 결국 요도바시카메라사 측은 H씨에 대한 업무지휘권이 없음에도 불구하고 실제로는 엄격한 관리를 행하는 악질 위장청부였던 것이다.

※ H씨를 둘러싼 상황들

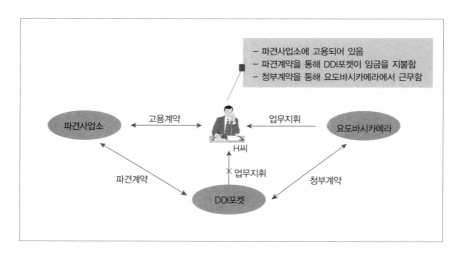

- 파견사업소에 고용되어 있음
- 파견계약을 통해 DDI포켓이 임금을 지불함
- 청부계약을 통해 요도바시카메라에서 근무함

파견사업소 ← 고용계약 → H씨 ← 업무지휘 → 요도바시카메라

파견계약   ✕ 업무지휘   청부계약

DDI포켓

기분 좋게 술 한 잔 살 수 없는 신세

| 31세(남), 건설현장근무, 전문대학 졸업

　새로 지은 건물의 내벽에 벽지 붙이는 일을 하는 P씨는 현재의 일을 시작한 지 약 1년쯤 되었지만 현장에서는 막내나 다름없는 대접을 받고 있다. 대학을 졸업한 직후에는 작은 건설회사에 다니며 10년 동안이나 현장감독을 맡아 일했다. 당시 전문대졸 임금으로 1십5만 엔(원화 약 1백5십만 원)을 받았고, 퇴사할 무렵에는 2십8만 엔(원화 약 2백2십만 원)을 받았다. 하지만 입사 2년 후부터 사라진 상여금 대신 회사의 비품은 늘어갔고, 회사 대표의 은퇴 후, 새 대표로 취임한 전무와 여러 가지 충돌이 생겼다. 그는 현장의 상황이나 형편

은 고려하지 않고 막무가내 운영으로 현상유지만 하고 싶어 하는 사람이었다. 결국 P씨는 퇴사를 결심했다.

현재 하루 일하고 받는 보수는 8천 엔(원화 약 6만 4천 원), 한 달을 일하면 1십5만 엔에서 2십만 엔(원화 1백2십만 원~원화 1백6십만 원)이 채 되지 않는 금액으로 P씨 역시 워킹푸어에 속해있다. P씨의 상사는 그가 일을 잘하면 보수를 올려주겠다고 했지만 확실한 건 아니다. 게다가 정해진 휴일도 없다. 일반적으로 건물의 완공 시기라는 것은 정해져 있는데 건물을 지으면서 지체된 일정을 내장공사를 촉박하게 해서 맞추는 경우가 대부분이기 때문에 갑자기 불려가 단 며칠 만에 끝내야 하는 게 그의 일이기 때문이다.

P씨가 전에 다니던 건설회사는 거의 매일 오후 5시쯤 퇴근할 수 있었다. 그래서 퇴근 후에는 아르바이트를 하며 부족한 수익을 채웠는데 가장 큰 돈벌이가 되어 준 건 휴대전화 판매. 당시에는 휴대폰 할인판매점이 지금처럼 많지 않았기 때문에 할인판매점 운영자를 끼고 위탁판매를 하면 꽤 많은 수익을 얻을 수 있었다. P씨의 주 고객층은 밤에 일하는 사람들이 대부분으로 상점이 열려있는 낮 시간에는 쇼핑을 하러 다닐 수 없는 사람들이었다. 그들은 한 번 신규로 계약하면 기종변경을 위해 다시 찾아주는 경우가 많았고 수익은 갈수록 늘었다. 휴대전화 한 대에 1만 엔(원화 약 8만 원)의 수익, 월 4십~5십만

엔(원화 약 3백만 원~4백만 원)의 추가 소득이었다. 하지만 P씨는 저축을 하지 않았고 쉽게 얻은 만큼 쉽게 사용했다. 주로 휴대전화를 사준 고객들의 가게에서 술을 마시거나 슬롯머신을 했고, 몇 년 후 휴대전화 판매의 전성기가 끝났을 때 그만두었다. P씨는 휴대전화 판매를 그만 둔 후 브랜드 상품의 독점판매, 패스트푸드점, 게임센터 등 여러 파트타임 아르바이트를 병행하며 돈에 구애받지 않고 20대를 보냈다.

P씨는 회사와 아르바이트를 그만 둔 후 정규직으로의 취업을 위해 시험도 치르고, 계약사원 모집 공고까지 찾아보며 노력했다. 하지만 번번이 낙방하면서 자신에게는 자격증 하나조차 내세울 만한 무언가가 없다는 자괴감으로 좌절했다. 그리고 지난 10년 간 자신이 너무 편이한 생활에 젖어있었다는 생각을 했다. 때마침 오래전에 연락이 끊겼던 지금의 상사에게 연락이 닿은 건 그때였다. 함께 일해보지 않겠냐는 제안에 P씨는 거절 한번 못하고 바로 수락했고, 지금의 일을 하게 됐다. 30대에 접어들었지만 생각할수록 미래는 불안했고, 그의 수중엔 돈 한 푼이 없어 아쉬운 상태. 그는 이제 미래보다도 현재, 지금 당장 쓸 돈을 마련해야했다. 월 2십만 엔(원화 약 1백6십만 원)으로는 저축도 할 수 없고, 쉬는 날도 정해져 있지 않은 현실이지만 정규직의 문은 좁고, 언제 잘릴지 모르는 계약사원보다는 지금의 기술을 익혀두는 게 낫다는 생각을 한다.

P씨는 매일 아침 6시에 일어나 7시 반까지 상사의 사무실에 도착한다. 그곳에서 현장으로 출발, 8시 30분부터 밤이 될 때까지 일한다. 물론 그날그날의 작업내용에 따라 조금씩 차이는 있지만 퇴근 후엔 세탁을 하고, 밥을 차려 먹고, 씻고 자고 다시 아침이 되면 출근하는 일상을 반복한다. 그는 이제 예전과는 달리 조금이라도 돈을 더 아끼기 위해 식사는 되도록 직접 만들어 먹고, 누가 술을 마시자고 하면 일부러 상대가 만취할 때까지 기다렸다가 돈을 내지 않고 오는 경우도 있다.

아무리 많은 돈을 벌어들인다 해도 사용할 수 있는 여유가 없다면 행복하지 않다는 P씨. 나름대로 여유도 있고 취미생활도 할 수 있는 생활을 하고 싶다는 P씨는 월 3십만 엔(원화 약 2백4십만 원)만 벌 수 있으면 좋겠다는 생각을 한다. 갈수록 오르기만 하는 휴대전화 요금과 기름 값 때문이라도….

Working Poor 사례 6

모두 가난의 나락으로 떨어져라!

| 32세(남), 음식점 근무, 전문대학 졸업

전문대학을 졸업하고 프로그래머로 취직했다가 직장 내 인간관계 문제로 퇴직한 S씨. 그는 소득의 양극화가 더 확산되었으면 좋겠다고 생각하는 사람들 중 하나다. 어차피 자신은 더 위로 올라갈 수 없으니 자신과 같은 위치로 떨어지기를 바라는 마음. 그는 스스로를 사회의 최하위층에 있다고 생각하기 때문에 양극화가 확산되면 지금보다 더 많은 사람들이 자신과 같은 위치로 추락할 테고 결과적으로는 자기와 같은 존재가 눈에 띄지 않을 거라고 생각하는 것이다.

현재 S씨의 직업은 음식 체인점의 주방장으로 정규직이며 월수입은 1십6만 엔(원화 약 1백2십8만 원)이다. 일하는 시간은 낮 11시 30분부터 밤 12시 이전까지 대략 12시간, 힘든 일이지만 언제 잘릴지 모르는 불안한 계약직보다는 낫다는 생각을 갖고 있다.

S씨가 첫 직장을 포함해 정규직으로 일한 곳은 전부 컴퓨터 관련 회사로 총 세 곳. 그 중 가장 오래 근무했던 직장은 두 번째 직장으로 시스템을 구축하는 꽤 이름 있는 회사였다. 그는 그곳에서 프로그램과 설계를 담당했는데 얼마 지나지 않아 NTT 재편성(일본의 통신 개편)이 시작되면서 회사 일은 줄었고, 결국 구조조정이 시작됐다. 입사 1년차였다. 구조조정으로 퇴사를 하게 된 S씨는 자신은 쓸모없는 사람이기 때문에 구조조정을 당했다는 생각으로 아무 일도 할 수 없었고, 정신적 충격으로 약 1년 간 방에만 틀어박혀 지냈다.

처음엔 자기계발을 한다는 생각으로 집에서 컴퓨터 강좌를 들으며 인터넷을 시작했다. 하지만 취업이나 공부보다는 밤새 채팅에 빠져 지내는 시간이 많아졌고, 1년에 가까운 시간을 방에서 꼼짝도 하지 않는 은둔자로 지냈다.

그렇게 8개월쯤 지났을까? S씨는 은둔형 사람들이 모인 온라인 카페에서

한 사람을 알게 되어 느닷없이 한 달 동안 태국여행을 다녀왔다. 그에겐 어떤 일이든 그것을 구실로 삼아 밖으로 나와야 했기 때문이었다. 또 일을 시작하지 않으면 안 된다는 불안감으로 초조했기 때문에 여행을 다녀온 후 바로 직업을 찾기 시작했다. 그의 세 번째 직장이었다.

S씨가 세 번째로 다닌 직장은 독재자 성격의 사장이 운영하는 소규모 회사였다. 입사 후 한 달 만에 사장에게 찍혀 매일 욕먹고 혼나면서 1년을 버텼지만 결국 한계를 느끼고 퇴직했다. 그리고 친구소개로 약 1년 간 여론조사나 마케팅 설문을 돕는 아르바이트를 하며 한 달 1십2만 엔(원화 약 9십6만 원)을 벌었다.

정신이 들었을 때 S씨의 나이는 서른 살이 되어 있었다. 예금 잔고는 겨우 1십6만 엔(원화 약 1백2십8만 원). 부모님과의 충돌로 집에서 나와 독립은 했지만 생활비를 감당하는 것조차 힘들었다. 돈이 필요했던 S씨는 구직정보지를 사서 자전거로 이동할 수 있는 가까운 거리의 24시간 가동 캔 공장에 하루 3교대 2개월 단기 계약사원으로 일을 시작했다. 완성된 캔에 찌그러진 자국이나 얼룩진 자국이 있는지 확인하고 체크하는 일이었다.

S씨가 일하는 캔 공장은 비정규직 사원을 주로 이용하기 때문에 대부분의

직원을 2개월 후 1개월 휴직, 다시 2개월을 재계약하는 고용형태를 취했다.

S씨는 7차까지 재계약을 했는데 8년, 10년, 20년씩 다니면서도 정규직으로 전환되지 못하는 계약직원은 많았다. 수입은 2개월에 약 5십만 엔(원화 약 4백만 원). 1년 동안 4회 계약갱신을 하면 연소득은 1백8십만 엔(원화 약 1천4백만 원)이다. 즉 혼자 살아갈 수 있는 최소한의 수입은 보장되는 것이다. 게다가 두 달 동안의 일이 끝나고 나면 한 달은 휴식을 취할 수 있었기 때문에 한 달 간의 단기 아르바이트를 하는 사람들도 있었다. 물론 S씨는 마음껏 휴식을 즐겼다.

어느 날 한 잡지의 기사에서 직장인의 생애소득에 관한 기사를 본 S씨는 평소 계산하고 정리하기 좋아하는 성격에 따라 자신의 생애소득을 계산해 본 적이 있었다. 스무 살 정도부터 일하고 12년이 지난 현재까지 자신의 생애소득은 1천5백만 엔(원화 약 1억 2천만 원)이 전부였다. 잡지에 실린 직장인의 평균 생애소득은 6천만 엔(원화 약 4억 8천만 원). 한 직장에서 지금까지 꾸준히 일했다면 가능할 수도 있는 금액이겠지만 아르바이트와 집에서의 은둔생활만 즐겼던 S씨에게는 꿈같은 금액일 뿐이다.

지금까지 살아오는 동안 그다지 뚜렷하진 않았던 미래. 그럭저럭 5년 후까지는 어떻게든 꾸려나갈 수 있을 거라는 생각은 갖고 있지만 그 이상의 미래는 자신 없어 하는 S씨는 스물일곱 살 때도 서른 살까지는 어떻게든 살 수 있을 거라 생각했지만 그 이후는 어떻게 될지 모르기에 아예 생각조차 하지 않았다. 그리고 서른 두 살인 지금도 앞으로의 5년은 어느 정도 계획을 갖고 있지만 역시 10년 이상의 미래는 생각하지 않는다. 위험한 생각이지만 어떻게든 될 대로 되라는 생각이다. 너무 많은 생각으로 미래를 걱정하다보면 우울한 상태로 빠져 드는 건 시간문제라고 생각하는 S씨. 아무리 두드려도 마이너스 값만 쉬지 않고 보여주는 계산기 앞에서 10년 후, 15년 후를 생각하며 고민하느라 아까운 시간을 버리는 것보단 지금 자신에게 닥친 현실에 만족하며 낙천적으로 사는 게 낫지 않겠느냐는 생각을 한다.

ನಿಎ

청년실업 문제가 심각해지고 있다.
조금씩이나마 경기가 회복되면서
눈에 보이는 고용환경악화는 잠시 주춤하는 기세지만
불합리한 고용환경은 쉽게 개선될 것 같지 않다.

대졸 취업난, 청년들의 취업의식 변화는
단기 아르바이트를 통한 생계유지,
일과 자기계발에 대한 의욕 상실 등으로 나타나
아예 노동시장에 참가조차하지 않는 청년을 늘리고 있다.

청년실업이 가지고 있는 가장 심각한 문제는
기업이 필요로 하는 인력과 청년이 제공할 수 있는 능력이
일치하지 않는다는 점이다.

워킹푸어(Working Poor)란, 하루하루 열심히 일하고 있지만
아무리 시간이 흘러도 생활보호 수준의 가난에서 벗어날 수 없는 사람들을 가리킨다.

The Working Poor

part/ 04

불안한 청년들

기업은 경력자를 좋아해

〜〜 기업의 인사정책도 급격히 변화하고 있다. 신입사원에 대한 교육훈련 투자보다 이미 직무
수행능력을 갖춘 경력직을 선호한다. 청년실업 문제에 관한 한 이미 '저성장 시대'를 맞이
했다는 탄식과 '성장의 고삐'를 더 이상 놓아서는 안 된다는 각성이 대립하는 양상이다.

≪2005년 11월 국민일보≫

| 기업은 처음부터 잘하는 직원을 원한다.

청년실업 문제가 심각해지고 있다. 조금씩 경기가 회복되면서 눈에 보이는
고용환경악화는 잠시 주춤하는 기세지만 불합리한 고용환경은 쉽게 개선될
것 같지 않다. 다른 연령층에 비해 청년층의 고용환경이 유독 열악한 이유는
심각한 경쟁에 놓인 기업이 경험이 없는 신입사원보다는 전문지식이 풍부하
고 바로 현장에 투입해도 무리가 없는 경력사원 채용을 우선으로 늘리고 있기
때문이다.

청년층의 고용과 취업률이 낮은 것은 무엇보다 노동의 수요와 공급의 양면에서 구조적인 움직임이 나타나고 있기 때문이다. 회사는 처음부터 어느 정도 능력을 갖춘 인재를 찾고, 청년들은 기존의 기성세대와 달리 직장에만 얽매이는 대신, 하고 싶은 일을 하며 여유 있는 삶을 즐기길 원한다. 그래서 최근에는 정규직보다는 파트타임 근무나 아르바이트와 같은, 시간이 있을 때 일할 수 있는 비정규직을 선택하기도 한다.

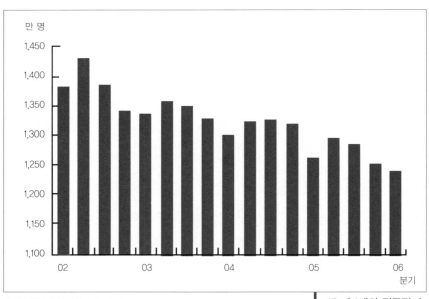

출처 : 일본 총무성 「노동력 조사」 　　　　　　　　　15~34세의 정규직 수

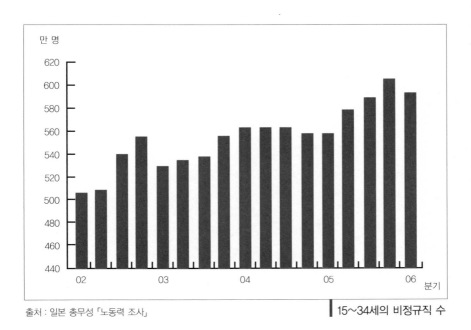

만 명

출처 : 일본 총무성 「노동력 조사」

15~34세의 비정규직 수

일본 총무성의 「노동력 조사」에 따르면 15~34세가 된 청년층을 중심으로 정규직의 수는 2002년 이후 꾸준한 감소 경향을 보이고 있다. 15~34세 정규직 수는 2002년 1~3월, 1천3백8십3만 명에 달했지만, 2006년 1~3월에는 1천2백4십3만 명까지 감소했음을 알 수 있다. 반면 15~34세 비정규직 수는 꾸준히 증가해 2002년 1~3월, 5백7만 명이었던 수가 2006년 1~3월에는 5백 9십2만 명으로 1백만 명 가까이 증가했다.

대부분의 비정규직은 기업 내에서도 취업능력을 만들어나가는 데 많은 어려움이 따른다. 따라서 같은 일을 열심히 해도 비정규직 사원이라면 정규직과 같은 내세울 만한 경력 쌓기란 하늘의 별따기와 같다. 그렇다면 사실상 스스로 원해 비정규직으로 일하는 사람은 얼마나 될까?

20~34세 연령층을 대상으로 일본 내각부에서 실시한 「청년층의 의식실태조사(2003년)」를 보면 이들 중 남성의 76.2%는 정규직을 희망한다고 대답했으며, 여성의 경우도 68.5%가 정규직을 희망하는 것으로 나타났다. 물론 조사 대상은 현재의 취업 형태가 파트타임이나 아르바이트, 파견사원인 경우를 대상으로 한 것이다. 이런 결과는 비정규직으로 근무하고 있는 지금의 현실이 스스로 원한 것이 아닌 기업의 요구 때문이라는 것이다.

청년층의 정규직과 비정규직 사이에는 어느 정도의 소득격차가 발생하고 있을까? 2005년 일본 후생노동성에서 실시한 「임금구조 기본조사」를 보면, 남녀 모두 18~19세에서는 정규직과 비정규직의 소득이 큰 차이를 보이지 않는다. 또한 비정규직의 소득은 정규직의 90% 정도를 유지하고 있다. 하지만 나이가 들면서는 급격한 차이가 발생한다. 30~34세가 되면 비정규직의 소득은 정규직의 약 80% 정도로 축소되기 때문이다.

| 연령층 (세) | 1월 임금 | | | (천 엔) |
| | 남성 | | 여성 | |
	정규직	비정규직	정규직	비정규직
18~24	169.1	153.5	156.6	142.6
20~24	201.2	173.5	190.9	161.5
25~29	243.0	201.9	217.1	183.1
30~34	291.1	224.0	241.6	187.4

청년층 정규직 & 비정규직의 소득 차이

일본 후생노동성 「임금구조 기본조사」

정규직과 비정규직의 소득 차이는 학력과 결부되면서 더욱 심각한 양상을 띠게 되는데 일반적인 고졸 남성의 경우 30~34세일 때 정규직 1개월 급여인 2십만 엔(원화 약 1백6십만 원)을 밑도는 경우가 11.1%라면 같은 나이의 비정규직은 50.5%가 2십만 엔도 안 되는 돈을 받고 일한다.

향후 우리의 미래 경제를 지탱해 나갈 청년층, 이들이 자신들만의 노하우가 담긴 업무경력을 쌓지 못하고 비정규직만을 전전하게 된다면 이 나라의 미래는 어떻게 될까?

캥거루족의 등장

대학을 졸업한 뒤에도 취업 여부와 관계없이 부모에게 의존하는 젊은이들을 '캥거루족'이라고 부른다. 부모의 집에 기거하며 무료로 숙식을 해결하는 이들의 생활태도를 캥거루 새끼가 어미 배 속에 달린 주머니 안에서 자라는 습성에 빗대어 만들어진 말이다.

《2006년 11월 동아일보》

| 다 자랐지만 부모의 품 안에서 벗어나지 못하는 아이들

사실 청년 워킹푸어는 사회적으로는 심각한 문제이지만 개인적으로는 그렇게 심각한 문제가 아닐 수도 있다. 왜냐하면 청년들에게는 '부모'라는 생활보증수표가 존재하기 때문이다. 요즘에는 학교를 졸업하고 취직을 한 후, 심지어는 결혼을 해도 독립하려 하지 않는 자녀들이 많다. 사회에서는 이런 이들을 가리켜 패러사이트 싱글(Parasite Single), 즉 캥거루족이라 부른다. 흔히 어른들이 말하듯 세상은 나가면 고생이다. 그러니 이 세상에 내 집보다 편한

120

곳은 없다고 생각하는 청년들, 집에서는 내가 직접 돈을 벌어오지 않더라도 꼬박꼬박 밥을 먹을 수 있다. 하지만 세상은 어디 그런가? 끼니를 해결할 돈이 없다면 그대로 굶어야 하는 게 현실이다.

최근 일본만 하더라도 독립하지 않은 채 패러사이트 싱글로 살아가는 청년은 우후죽순 늘어나고 있다. 2000년 일본 총무성에서 조사한 「국세조사」에서도 친족과 동거하는 20~30대 미혼자는 남성이 약 6백5십1만 명, 여성이 약 5백6십9만 명으로 총 1천2백2십만 명에 달했다. 다시 말해 열 명 중 한 명은 '부모'라는 든든한 울타리 안에서 나올 생각을 하지 않는 캥거루족이라는 것이다.

캥거루족은 스스로 집을 마련할 필요도 없고, 월세를 지불해야 할 일도 없다. 또한 독립했을 때 필요한 각종 비용들을 힘들게 벌어야 하는 책임감은 더더욱 필요 없기 때문에 한 곳에 매여 힘들게 돈을 벌어야 하는 정규직보다는 비정규직으로 일한다 해도 좀 더 여유로운 삶을 즐길 수 있는 직업을 선호한다.

20~30대의 패러사이트 싱글은 베이비 붐 시대에 태어난 세대가 중심이 되는 2005년에 1천2백2십만 명으로 정점에 달했고, 그 이후로는 저출산의 영향에 따라 젊은 층의 인구가 감소하면서 자연스레 수그러들 것이라 예상된다.

하지만 그 이전에 부모의 수입이 더 이상 존재하지 않거나 부모가 연금으로 생활해야 하는 시기가 먼저 찾아온다면 청년 워킹푸어 문제는 더욱 심각한 사회 문제로 부각되고, 새로운 사회현상을 만들어낼 것이다.

정규직에서 아르바이트, 백수에 이르기까지

청년층 일자리가 급속히 줄어드는 가운데, 일자리를 포기하는 20대들 역시 크게 늘고 있다. 4년제 대학을 나오고도 중소·중견 기업에 노크해 번번이 고배를 마시자 아예 '구직활동포기'를 선언하고 빈둥빈둥 놀고 있는 '이태백'들이 허다하다.

≪2006년 3월 중앙일보≫

| 어려운 취업 때문에 아르바이트를 하고, 그마저도 힘들어 구직을 포기한다.

대졸 취업난과 청년들의 취업의식 변화 등을 배경으로, 일정한 직업을 갖지 않고 단기 아르바이트 등을 통해 생계를 유지하는 사람들이 늘어나고 있는데 이들을 가리켜 프리터(Freeter, Free+Arbeit)라 부른다.

일본 내각부의 집계에 따르면, 2001년 평균적인 프리터 인구(15~34세)는

4백1십7만 명으로, 1990년의 평균인 1백8십2만 명에 비해 두 배로 증가했다. 이는 고용환경 등에 대해 몇 가지 전제를 두고 계산해봤을 때 일본의 프리터 인구는 2005년 3백9십7만 명(추정치)에서 2010년 4백1십1만 명, 2020년 4백1십2만 명, 2030년 4백5십7만 명, 2040년 4백7십5만 명, 그리고 2050년에는 4백8십6만 명에 달할 것으로 예상되는 수치다. 또한 전문지식이 없고 수입도 적은 프리터가 증가한다는 것은 다방면에 영향을 미치는 것으로 노동생산성의 둔화뿐만 아니라 개인의 소득격차 역시 확대시킬 수 있는 상황에 직면하게 만들 것이다. 또한 이는 곧 정부의 세수(稅收) 감소라는 상황과도 연관된다.

젊은 청년들이 프리터가 되는 것은 고용환경과 깊은 관계가 있다. 따라서 정부는 고용환경 개선에 앞장서 프리터 인구를 억제하려는 노력을 기울여야 하며, 여기에 더해 기업의 정규직 채용 확대도 필요하다. 물론 경쟁력 강화에 여념이 없는 기업이 자발적으로 비정규직이라는 달면 삼키고 쓰면 뱉을 수 있는 편리한 고용방식을 포기할 것이라고 기대하기는 어렵다.

최근 각종 통계가 세밀해지며 프리터에 더해 '니트(NEET)'라는 존재가 주목받고 있다. 니트란, 'Not in Employment, Education or Training'이라는 글의 앞 글자를 따서 만든 단어로 일하는 것이나 배우는 것을 포기하고 노동시장에 아예 참가하지 않는 청년들을 일컫는 말이다. 물론 취업활동을 하지 않는 니트의 실질적인 수를 통계적으로 파악하기란 결코 쉬운 일이 아니다. 따라서 이 책에서는 일본 총무성의 「국세조사」를 토대로 하여 15~34세의 비노동자 중, 통학과 가사 일을 돕는 사람을 제외한 나머지를 니트로 정의하였다.

2000년의 니트 인구는 7십5만 명으로 15~34세 인구 전체의 2.2%를 차지했는데 이는 1995년에 조사한 자료와 비교했을 때 2.6배의 규모로 증가한 수치다. 그리고 일본 후생노동성이 추산한 니트의 숫자는 무려 6십4만 명 (2002~2005년까지)이나 되었다. 니트 증가에 따른 문제는 여러 가지 측면에서 생각할 수 있지만 가장 큰 문제는 개인 간의 소득격차가 심각해진다는 것이다. 다시 말해 공부를 하는 것도 아니고, 일을 하는 것도 아니며, 일을 구하려는 노력조차 하지 않는 사람들에게는 아무런 수입이 발생하지 않게 되고 어떻게든 일을 해서 돈을 벌고 있는 사람과 비교했을 때 두 계층 간의 생애소득에서는 무시할 수 없는 큰 차이가 발생하게 되는 것이다.

특히 니트로 지내는 기간이 길면 길어질수록 언젠가 노동시장에 다시 참가했을 때 기업으로부터 불리한 평가를 받기는 더욱 쉬워진다. 기업은 오랫동안 놀고 있던 사람보다는 꾸준히 일을 계속하거나 혹은 자기계발에 도움이 되는 학습을 해 놓은 사람을 선호하기 때문이다. 즉 니트의 실직기간은 더욱 길어지게 되고 생애소득은 더 줄어들게 된다.

니트와 그렇지 않은 사람이 평생 동안 벌어들이는 수입은 어느 정도의 차이를 보일까?

예를 들어 대졸 남성이 5년 간 니트로 있었다고 가정할 때 그의 생애소득은 표준노동자의 74.4% 정도가 된다. 물론 니트 지속기간이 길어져 10년에 이를 경우에는 56.4%, 표준노동자의 절반 수준까지 하락한다. 그리고 여기에 더해 악조건 역시 따라붙기 쉽다. 니트로 오랜 기간을 지내다가도 제대로 된 직장의 정규직 사원이 된다면 다행이지만 쉬는 기간 동안 특별한 직업훈련을 받지 않았다면 통상적인 임금 수준으로 직장에 복귀하는 것은 더더욱 어려워진다. 따라서 니트 상태에서 벗어난 후 파트타임 노동자가 될 가능성은 더욱 높아지며, 생애소득 역시 더욱 낮아지는 결과를 초래한다. 즉 니트로 지낸 기간이 5년이고, 그 뒤로 취업이 되지 않아 파트타임으로밖에 일을 하지 못했을 경우 그 사람의 생애소득은 표준노동자의 16.8% 정도까지 낮아진다. 한번 니트가 되면 그렇지 않은 사람과의 소득격차는 그야말로 하늘과 땅이 되는 것이다.

취업을 포기한 청년들

대한상공회의소가 최근 중고교 사회과 교사 1백5십5명을 대상으로 조사해 발표한 '한국 경제 및 경제 교육에 대한 인식'을 보면, 현재 우리 경제의 최대 문제로 '청년 실업'을 꼽는 응답 비율이 47.4%로 가장 높았다. 그 다음으로 △경제 양극화(23.7%) △기업 투자 부진(14.1%) △노사 갈등(10.9%) 등의 차례였다.

≪2007년 8월 한겨레≫

｜ 가고 싶은 직장에서는 부르지 않고, 마음에 안 드는 직장에서는 오라고 한다.

젊은 에너지로 충만한 청년이 니트가 되는 원인에는 여러 가지가 있겠지만, 역시 가장 큰 원인이 되는 것은 고용환경의 악화다. 취업해 들어가고 싶은 곳의 경쟁률은 높고, 운이 좋아 어쩌다 들어간다 해도 혹독한 근무환경에 시달려야 하는 것은 현실이 된다. 업무의 양은 항상 많고, 회사는 당연하다는 듯 그들의 시간을 빼앗아 야근을 시킨다. 이렇게 되면 자기계발이나 여가를 가진다는 것은 다른 세상의 말이다.

한국을 비롯해 일본 사람들은 스스로를 열심히 일하는 사람들로 생각하고 있지만 사실상 서구권에서는 이들을 두고 너무 일한다고 생각한다.

갈수록 어려워지는 취업난으로 취직을 하지 못했거나 힘든 직장생활을 견뎌내지 못하고 떨어져 나온 청년들은 곧 재취업의 의욕을 잃고 그대로 니트가 되어버린다. 실제로 일본 47개 도도부현(일본의 광역자치단체인 도(都, 도쿄도 1개), 도(道, 홋카이도 1개), 부(府, 오오사카부와 교토부 2개), 현(縣, 나머지 43개)을 묶어 이르는 말)의 데이터를 조합해보면, 실업률과 니트 비율의 명확한 상관관계를 발견할 수 있다.

오른쪽의 그래프에서도 확인할 수 있는 것처럼 니트 문제가 가장 심각한 곳은 오키나와 현이다. 오키나와의 2000년 15~34세 실업률은 14%를 기록했을 정도다. 이는 전국 평균인 5.2%의 세 배에 가까운 수치이다. 물론 니트 비율도 예외가 아니어서 전국 평균은 2.18%지만 오키나와는 3.24%에 달한다.

앞에서도 언급했듯 젊은 청년들이 니트가 되는 가장 큰 원인에는 고용환경을 빼놓을 수 없다. 부족한 일자리에 많은 청년들이 몰려들다 보니 경쟁률은

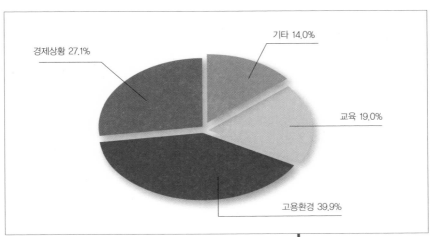

경제상황 27.1%

기타 14.0%

교육 19.0%

고용환경 39.9%

출처 : 일본 도도부현(都道府縣)

청소년이 니트가 되는 원인

높아지고 그만큼 많은 청년들이 실업자가 된다. 반복되는 취업욕구 좌절은 취업하려는 의욕조차 상실하게 만들며 경제적인 상황이나 학교 교육의 문제는 청년들을 더욱 니트에서 빠져나올 수 없게 만든다.

청년실업에 대한 긍정적 시각과
부정적 시각

일자리가 늘기는 했지만 여성과 노인 등의 경제활동 참여가 늘어나면서 실업자도 증가했다. 특히 청년층 실업률은 외환위기 직후인 1998년 12.2%까지 치솟았다가 2002년 6.6%까지 떨어졌으나, 2003년 이후 다시 높아지고 있다. 또 불완전한 고용이 상대적으로 많이 늘어나는 등 고용의 질은 나아지지 않았다.

≪2005년 1월 한겨레≫

| 기업은 인력 부족을 호소하고, 청년은 일자리 부족을 호소한다.

젊은 청년들이 니트가 되는 가장 큰 원인이 고용환경에 있다면 그 환경을 개선함으로써 그들을 일터로 끌어들일 수 있을까? 고용환경의 어떤 변화가 그렇게 할 수 있을까?

한국을 비롯한 일본의 노동시장은 경기 침체의 장기화로 대부분의 기업이 구조조정을 통해 기존의 사원을 잘라내고 신입사원 모집규모는 축소했다. 그러나 2007년 이후 이런 문제는 오히려 노동력 부족 문제로 표면에 떠오르면서 베이비 붐 세대의 대량 퇴직과 함께 노동 수급 개선에 대한 문제 해결에 실마리를 제시했다.

청년실업이 품고 있는 가장 심각한 문제는 기업이 필요로 하는 인력과 청년이 제공할 수 있는 능력이 일치하지 않는다는 점이다. 즉 청년들이 가진 능력에 비해 혹독한 경쟁 상태에 놓인 기업은 정규직 사원으로 입사하게 될 청년들에게 그들이 가진 능력보다 월등한 수준을 요구하고 있다.

E라는 기업의 예를 들어보자. E기업은 최근 유럽시장에 진출하기 시작해 현지에서 경험을 쌓으며 회계업무를 담당할 20대 신입사원 다섯 명을 모집하려한다. 회사에서는 영어회화가 가능하고, 회계업무에 대한 기본적인 이해가 가능한 학부 출신에 엑셀 프로그램 또한 잘 다루는 직원을 선택하고 싶어 한다. 드디어 신입사원 모집공고 첫 날, 인사담당자의 메일함에는 총 47장의 이력서가 접수되었다. 그 중 20대는 35명, 나머지는 30대 이상의 경력자다. 그리고 다시 35명 중 16명을 제외한 나머지 19명은 회계와 전혀 관련이 없는 인문이나 이공계통 졸업자다. 다시 남아있는 16명을 살펴보자. 이들 중 어학연수를 통해 원어민 수준의 대화를 할 수 있는 사람은 몇 명이나 될까? 담당자는 이력서를 살펴 언어가 되는 2명을 선택하고, 엑셀 등 오피스 프로그램을

잘 다루는 사람 4명을 선택했다. 그러나 안타깝게도 오피스 프로그램을 잘 다루면서 영어회화에도 월등한 능력을 가진 사람은 단 1명도 없다. 물론 뒤이어 들어오는 이력서를 봐도 한 눈에 "이 사람이야"라고 선택할 수 있는 사람이 없다. 결국 E기업은 신입사원 채용을 포기하고 해당 분야의 경력직 사원으로 3명을 선택했다.

위와 같은 예가 현실이다. 기업은 젊은 인력을 필요로 하고, 취업을 원하는 청년들 역시 많다. 수요도 많고 공급도 많은데 사실상의 고용은 쉽게 이루어지지 않는다. 단기적으로 봤을 때 경기가 좋아지면 기업은 고용을 늘려야하므로 결원율(기업에서 필요로 하지만 현재 충족되지 않고 있는 사람의 비율)은 상승하고, 취직하기가 비교적 쉬워지므로 실업률(취직하려 하지만 현재 실업 상태인 사람의 비율)은 낮아진다. 그러나 반대로 경기가 나빠지면 기업은 현재의 인력만으로 운영하려 하기 때문에 결원율이 낮아지고, 직장을 구하기 어려워지는 사람들로 인해 실업률은 높아진다. 하지만 장기적으로 보면 결원율과 실업율의 상관관계는 잘 맞지 않는다. 이는 15~24세 연령층에서 더욱 두드러지는데 기업의 결원율이 높은데도 불구하고 실업률 또한 높게 나타나는 불균형 현상으로 2000년대에 들어 급상승하고 있다. 즉 이와 같은 통계는 청년실업률의 80% 이상은 기업의 요구와 청년의 능력이 부합하지 않기 때문에 일어나는 현상이며 정부는 이에 따라 청년층에게만 특화된 고용대책을 세워

야 한다. 그렇지 않으면 향후 기업이 인력 부족에 시달린다고 해서 청년실업
이나 니트 문제가 해결되리라는 긍정적인 전망을 기대하기는 어렵다.

사랑을 위해 취업을 포기하다

| 30세(여), 사무직, 4년제 대학 졸업

열심히 일하면 언젠가는 노력만큼 보상받을 수 있다는 걸 믿고 싶다는 J씨는 전직 초등학교 교사다. 그녀는 현재 일반사무업무와 아르바이트를 함께 하며 1천만 엔(원화 약 8천만 원)이라는 금액을 저축목표로 세우고 있다.

J씨는 대학졸업 후 2년 간 교사로 일했지만 처음부터 교사가 되기 위해 대학공부를 한 건 아니었다. 그저 막연한 생각으로 교직원 자격을 얻기 위해서라면 교육계의 발달부가 가장 좋을 것이라는 생각이었다. 그래서 대학시절 그

녀는 공부보다는 사교댄스에 더 몰두했고, 단체경기로 전국대회에도 출전했었다.

J씨가 교사라는 안정된 직업을 2년 만에 그만 둔 것은 직업에 대한 적응력 부족이었다. 그 중 가장 큰 이유는 학생이나 교직원들과의 인간관계가 아닌 오직 자기 자신 때문이었다. 예를 들면 방과 후 청소시간에 쓰레기가 남아 있을 경우 보통의 선생님이라면 당연히 학생 중 하나를 불러 지도하고 정리를 시킨다. 하지만 그녀는 차라리 자기가 하는 게 빠르고 낫다는 생각이 컸고, 학급 대부분의 일을 혼자 처리하는 경우가 늘어났다. 시간이 갈수록 그녀는 자신은 좋은 선생님이 될 수 없을 거라는 자신감 상실에 시달렸다. 너무 쉽게 생각하고 교사가 되었다는 생각과 함께 자신은 근본적으로 엄하지 않기 때문에 아이들에게조차 만만하게 보이고 있을 거라는 생각으로 힘들었다. 결국 그녀는 2년 만에 퇴직했다.

J씨는 교사를 그만둔 후 2년 째 장거리 연애를 하고 있던 애인의 고향으로 이사했다. 그녀의 애인은 진로 때문에 고민하던 중 인터넷 채팅을 통해 알게 된 사람으로 그 역시 퇴직 후 진로 때문에 고민이 많은 사람이었다. J씨는 퇴직 후 집에만 틀어박혀 은둔자 생활을 하고 있는 애인에게 힘이 되어주고 싶다는 생각만으로 무작정 그의 고향집으로 향했고 도착하자마자 2년 간 교사

로 일하며 모아 둔 돈으로 월세 5만 8천 엔(원화 약 4십6만 원)의 아파트를 얻었다.

애인의 고향에 도착한 후 J씨는 헬로워크(Hello Work : 일본의 공공직업안정소, 행정기관)에서 도움을 받아 사무직으로 낮 1시부터 저녁 10시까지 4년을 일했다. 여름엔 오전 8시부터 일하는 경우도 있었지만 좀 더 안정된 직업을 찾기 위해 공무원 시험을 준비하던 그녀에게는 괜찮은 직장이었다. J씨의 남자친구는 경기불황으로 인한 갑작스런 퇴직 후 아무 일도 하지 않고 몇 년 째 집에만 틀어박혀 있었다. 그래서 그와 함께 살기 위해서는 J씨가 일하지 않으면 안 되는 상황이었고, 양쪽 집안의 부모님 모두 그녀를 걱정했지만 자신이라도 일하고 있으니 괜찮다며 안심시켰다. 그녀에겐 힘든 직업이나 일보다는 사랑하는 애인의 곁에 있는 게 무엇보다 중요했다.

J씨는 좀 더 안정된 직업으로 평생 일할 수 있고, 안정된 수입을 얻을 수 있는 지방공무원이 되어야겠다는 생각으로 틈틈이 공부하고 꾸준히 시험을 치렀다. 아이들을 좋아하니까 초등학교에서의 사무업무나 시청, 동사무소와 관련된 일을 하면 좋을 거라는 생각도 공무원 시험에 대한 생각을 부추겼다. 하지만 1차 필기 합격 후 면접은 계속 떨어지는 반복 끝에 그녀는 결국 나이제한으로 더 이상 시험을 볼 수 없게 되었고 마지막 수단으로 다시 교사를 생각

해야 했다. J씨는 대학 등 학교법인의 사무직 채용시험과 교원 채용시험을 준비하기 위해 다니던 일을 그만두고 공부해 하반기 교원 채용시험에 합격했다.

애인을 비롯한 J씨의 가족들은 그토록 힘들어하던 교사 일을 다시 시작한다는 그녀의 계획에 반대했다. 그러나 그녀는 돈을 벌어야 하는 현실과 안정된 미래를 생각하며 자신을 포함해 그들을 안심시켰다. 하지만 결국 처음 2년간 교사를 하며 겪었던 증세를 다시 느끼게 된 그녀는 잠을 잘 수도, 먹을 수도 없게 되었다. 그렇게 J씨의 교사 생활은 두 달 만에 끝이 났다. 학교 교감선생은 그녀에게 담임을 맡지 않고 일을 해보라며 대안을 제시하기도 했지만 그렇게 해서는 해결될 일이 아니라고 생각했다. 신기하게도 그녀의 병은 학교를 그만두자마자 나았다.

목표로 삼았던 안정적인 직업을 스스로 포기했지만 마냥 실의에 빠져 있을 수만은 없었던 J씨는 최대한 빨리 다시 일할 수 있는 직장을 찾아야 했다. 아르바이트로만 버텼더니 저축한 돈은 어느 새 바닥이 나 있었고, 학교는 두 달 만에 그만둬서 실업수당도 없었다. 남자친구는 여전히 일을 하지 않고 있었으며 아파트 월세나 생활비를 위해서라도 뭔가 일을 하지 않으면 안 되는 현실. J씨는 다시 한 번 헬로워크의 도움으로 4일 만에 슬롯머신 업체의 사무직으로 채용되었다.

슬롯머신 업체의 사무직은 정규직이었지만 지역에 고작 몇 개 안 되는 점포를 가진 작은 곳으로 월급 실수령액은 1십7만 엔(원화 약 1백3십만 원)이 전부였다. 게다가 급여가 오르는 직종도 아니고, 퇴직금도 없으며 40~50대가 될 때까지 일할 수 있을 만큼 안정된 직장도 아니었기 때문에 그녀는 퇴근 후 아르바이트를 생각했다. 물론 회사에는 비밀이었다. 일주일에 3일, 오후 6시부터 밤 12시까지 러브호텔의 청소일로 시급은 8백5십 엔(원화 약 6천8백 원), 아침 9시부터 오후 5시까지 일하는 사무직이 끝난 후 딱 맞는 일이었다.

현재 J씨의 저축 금액은 1백5십만 엔(원화 1천2백만 원). 슬롯머신 회사에서 받는 급여와 러브호텔 청소 일을 하며 시급으로 받는 모든 돈을 포함하면 월수입은 2십3만 엔(원화 약 1백8십만 원) 정도다. 그리고 이른 아침에도 할 수 있는 다른 아르바이트 자리를 추가로 구하고 있다. 최근 면접을 본 곳은 식품공장에서 슈퍼마켓으로 나가는 반찬을 채우는 일인데 체력이 따라준다면 채용하겠다는 공장장의 말에 신중히 생각중이다. 물론 새로운 아르바이트까지 하게 되면 새벽 4~5시부터 일하고 정규직 출근에 밤에는 청소 아르바이트까지 해야 한다.

몸은 많이 힘들지만 지금의 고생을 감당할 수 있도록 해주는 건 사랑하는 애인이라고 말하는 J씨는 그가 하기 싫은 일을 하며 죽고 싶다는 생각을 갖게

하는 것보다 그냥 집에서 편하게 있는 게 좋다고 했다. 양쪽 집안의 부모님은 왜 결혼하지 않느냐고 하지만 정작 본인들은 그런 생각을 한 적이 없다. 남자친구는 그대로 능력 없는 자신과의 결혼은 그녀를 더욱 불행하게 만드는 것이라는 생각을 가지고 있고, 그녀는 그녀대로 좀 더 돈을 모아야 한다는 현실에 대한 부담이 있다. 그리고 아이도 갖고 싶지만 그의 정신 상태를 생각하면 아직은 불안한 마음뿐이라는 그녀.

J씨는 매년 여름 대학 클럽 동창회에 간다. 하지만 막상 가더라도 할 얘기는 많지 않다. 지난번 모임에서는 다시 한 번 교사가 되기로 했다고 말했는데 이번에는 역시 그만뒀다고 얘기해야 한다. 동급생들 중에는 대기업에 다니는 이도 많아서 이야기하는 수준도 다르다. 경쟁할 생각으로 동창회에 가는 것은 아니지만 마음이 힘들어질 때가 많다는 J씨. 학창시절에는 모두 같았는데 현재는 직업 때문에 모두 달라졌다. 보고 싶고 만나면 즐거운 친구들임에는 분명하지만….

사회로부터 외면당하고 있는 사람들, 또 다른 이름의 양극화 현상

| 31세(남), 장애인 시설 정규직, 전문대학 졸업

일본 칸토우 지역의 한 장애인 시설에서 생활지원자로 일하고 있는 O씨는 대학에서 아동학을 전공하고 연극에 몰두했던 평범한 청년이다. 대학을 갓 졸업한 후 지역의 기념회관에 취직해 일하던 O씨는 겉치레에만 치중하는 관혼상제 행사 진행에 위화감을 느껴 퇴직하고 2년제 전문대학에 다시 입학했다.

전문대학에서 유치원, 보육원, 장애인 시설로 실습을 나가게 되면서 생활지원자라는 직업에 대해 신중한 결정을 내린 O씨는 처음엔 한 달 16일만 일하는 비상근직으로 취직했다. 당시 월급은 실수령액으로 1십5만 엔(원화 약 1백 2십만 원), 물론 보너스나 승진은 없고 시설과 같은 장소에 월 7천 엔(원화 약 5만 6천원)의 직원 기숙사가 제공되는 게 전부였다. 하지만 긍정적인 성격의 O씨는 일급 아르바이트로 생각하면 나쁘지 않은 금액이라며 열심히 일했다. 그리고 어느 덧 3년, 일의 전체적인 모습이 보이기 시작했을 때 퇴직하고 다른 시설로 이직했다.

재계약을 하고 싶었지만 뒤에 들어온 다른 계약직원들이 있어 재계약이 어렵다는 말에 우선 다른 시설로 이직했던 O씨. 두 번째 시설에서 어려운 인간관계로 고민하던 중 처음 일했던 시설의 상사로부터 연락이 와서 다시 처음의 시설로 옮기게 되었다. 1년 3개월만이었다. 사실 첫 시설은 해당 지역에서도 가장 증세가 심한 지적 장애자를 담당하는 곳으로 그만큼 일은 힘들었지만 O씨에게는 무엇보다 자신이 그들을 돕는 일을 한다는 게 기뻤고, 아는 사람들이 많다는 생각에 마음도 편했다.

시설의 원래 목표는 장애인들의 사회복귀를 목표로 각종 훈련을 실시하는 것이다. 하지만 현실적으로는 20~30년씩 머물러 있는 사람이 대부분이고, 자신이 원하는 것조차 제대로 표현할 수 없는 중증 장애인들이 많았다. 힘들지만 급여는 낮고, 급여가 낮기 때문에 대충 일을 하는 사람도 있을법하지만 대부분은 일을 너무 열심히 해서 요통이나 관절염, 환자들로부터 깨물린 상처에까지 시달리고 있는 게 일상이다. 하루 30분이라도 긴장을 풀고 즐거운 얼굴로 일하고 싶다는 O씨의 바람은 소박하지만….

2000년 일본의 사회복지사업법이 사회복지법으로 개정, 개명되면서 필요로 하는 사람에게 더욱 적절한 복지 서비스를 한다는 원래의 취지와는 달리 이용자의 개인부담액은 늘어났고, 시설에는 보조금 감소라는 문제가 제기되었다. 물론 변화는 지금도 꾸준히 계속되고 있지만 당시에는 지원이나 복지현장이 크게 변화하던 시기였기 때문에 O씨가 첫 시설로 돌아오는 것은 비용절감 차원에서도 당연한 일이었던 셈이다. 게다가 O씨로는 이미 익숙한 일터고, 자신을 필요로 해 주는 장소로 복귀했다는 기쁨이 컸기 때문에 망설일 필요가 없었다.

다시 돌아온 첫 시설에서 O씨는 월 7천 엔(원화 약 5만 6천 원)의 기숙사와 21일 비상근직을 맡게 되었고 월 실수령액으로 2십2만 엔(원화 약 1백7십6만 원)을 받게 되었다. 그리고 얼마 지나지 않아 시설의 운영모체가 새로운 법인으로 바뀌면서 그는 정규직 사원이 되었다. 수령액은 1십8만 엔(원화 약 1백4십만 원) 정도로 4만 엔(원화 약 3십2만 원)이 줄었지만 상여금과 휴일, 야근 수당이 생겼다. 비록 낡은 기숙사 시설이고, 따뜻한 물도 잘 나오지 않지만 워낙 저렴한 가격으로 살고 있는 거라 큰 부담은 없다는 O씨는 현재의 직장에 그럭저럭 만족하고 있다.

O씨가 일하는 시설에는 남성병동과 여성병동의 두 병동이 있고, 각 병동의 계장급 밑으로 16~18명의 직원이 일하고 있다. 그 중 비상근은 5명 전후, 3교대 24시간 체제로 일하며 입소자의 생활지원 등을 돕고 있다. 업무의 흐름은 보통 입소자의 생활 방식에 따르게 되는데 대개는 아침에 일어나 아침을 먹고, 오전을 보낸다. 다시 점심을 먹고 오후 활동을 하고, 목욕하고 저녁을 먹고 잠을 잔다. 낮에는 산책을 하거나 사회 적응훈련을 위해 대형 슈퍼마켓에 물건을 사러 간다든지, 패밀리 레스토랑에 가서 식사를 한다든지 하는 훈련을 한다. 물론 새벽이나 밤 근무자는 또 각각의 시간대에 맞게 활동보조를 하며 시간을 보내고, 모든 시간대에서 반드시 두 번 식사지원 담당을 한다. 그리고 낮과 밤 근무자는 입소자들의 목욕도 담당한다.

야근은 보통 오후 4시 15분부터 시작해 다음날 오전 9시 15분까지 하는데 어떻게 보면 2일을 일하는 것이나 다름없었다. 원칙적으로 자는 건 안 되고 보통 밤 근무에서는 두 명의 직원이 15명의 입소자를 담당하는데 동성 간호가 기본이기 때문에 남녀 한 팀으로 일한다. 가장 힘든 시간은 아침으로 입소자들이 모두 화장실에 가기 때문에 근무자는 평균 1시간 이상 화장실에서 나오기 힘들다. 오전 6시부터 화장실 지원이 시작되지만 도중에 참지 못하고 실례를 하는 입소자가 생기기라도 하면 그만큼 근무 시간은 더 길어질 수밖에 없다. 물론 화장실에 가는 입소자가 적으면 빨리 끝내고 조금이라도 쉴 수 있지만 끝난 후 몸에 대소변 냄새가 배는 건 마찬가지다. 그리고 시간이 오래 걸린다고 해서 조급한 마음을 품어도 안 되고, 성의 없는 모습을 보일 수도 없는 일이기 때문에 보통의 인내심으로는 견디기 힘든 일이기도 하다.

아침에 입소자들을 화장실에 데려가고, 씻기는 일이 마치 공장의 컨베이어 벨트가 돌아가는 것 같다는 O씨는 일하는 사람의 마음이 조급하면 그게 분위기에 나타나 입소자들도 불안해한다고 했다. 그래서 직원이 여유로운 태도를 취하고 있으면 전반적으로 분위기는 평안해지고, 일은 오히려 원활하게 끝난다. 근무자는 만일 낮 시간에 두 시간의 여유가 생겼다면 30분 간 네 명과 산책을 가는 게 나을까, 20분 간 여섯 명과 산책을 가는 게 나을까와 같은 사소한 고민을 항상 해야 하지만 그것은 기분 좋은 고민이고 부담이라는 O씨는 지금 자신의 일에 대한 자부심만큼이나 열심을 다해 일하고 있는 사람이다.

O씨가 하는 일은 복지의 성향이 큰, 반드시 필요한 일이다. 하지만 일의 내용은 결코 쉽지 않으며, 그에 따른 보수도 형편없다. 물론 보람을 느낄 수 있

는 일이긴 하지만 자치단체로부터의 기부는 줄어들고 있는 요즘, 입소자들이나 출장 간호를 요청하는 이용자들에게 받는 수수료만으로는 턱 없이 부족한 경영. 결국 가장 먼저 깎이는 건 근로자의 인건비다. 따라서 이러한 장애인 시설 등에서 일하는 근로자는 대부분이 워킹푸어다.

O씨는 5년의 비정규직을 거쳐 정규직으로 채용된 사례다. 그러나 비정규직으로 있었던 지난 5년간의 경력은 인정되지 않아 30대가 되어서야 승급이 있는 급여체계의 출발지점에 서 있게 되었다. 정규직이기 때문에, 나이가 있기 때문에 책임은 늘었고, 수령액은 줄었다. 하지만 긍정적인 성격의 O씨는 원래부터 가지고 태어난 장애 때문에 아무 일도 할 수 없는 사람들을 매일 대하며 평범하게 학교도 졸업하고, 돈을 벌어 혼자 살아갈 수도 있는 자신은 행복한 사람이라고 했다. 물론 급여로만은 부족하고 날마다 피곤의 연속이며, 귀찮은 일이 대부분이지만 몸이 불편한 사람과 함께 하면서 알 수 없는 충만감으로 행복까지 느낀다는 O씨. 그는 주위와의 소득차이를 마음에 두기보다 장애를 가진 사람이 사회로부터 외면당하고 있는 실정에 대해 더 많은 관심을 가져주길 바라고 있었다. 일반적으로 사용되고 있는 의미의 양극화 현상과는 다른 관점이지만 선천적으로 무언가가 불가능한 사람들이 구석으로 몰리는 사회 현상은 바람직하지 않다면서….

ᘛᘚ

생산성 향상을 저해하는 제도적인 장치들을 하나씩 제거해
경제 전반의 생산성을 오르기 쉬운 체질로 개조하고자 하는 것
이것이 일본 고이즈미 정권에서 목표로 한 구조개혁의 정체다.

노동력 확충에 따른 외국인 노동자의 대폭적인 이민을 수용하기 전에
국내의 워킹푸어 지원에 대한 논의가
먼저 이루어져야 한다.

일본의 최저임금은 미국 등 타 선진국과 비교해도 낮은 수준이며
워킹푸어의 확대를 억제하기 위해서는
무엇보다 최저임금을 근본적으로 재검토할 필요가 있다.

워킹푸어(WorkingPoor)란, 하루하루 열심히 일하고 있지만
아무리 시간이 흘러도 생활보호 수준의 가난에서 벗어날 수 없는 사람들을 가리킨다.

The Working Poor

part/   05

목소리를 높여라

구조개혁으로 얻은 것과 잃은 것

> 대학 4학년의 김희정 양(가명)은 광범위하게 벌어지고 있는 기업 구조조정을 어떻게 보느냐는 질문에 "경쟁력을 위해 어쩔 수 없는 것 아니냐"고 답했다. 그래서 김희정 양에게 "본인이 구조조정 대상이 될 수 있다는 생각은 안 해봤냐"고 묻자 그는 "내가 경쟁력을 키워 구조조정 대상에 안 끼면 된다."고 답했다.
>
> ≪2007년 5월 프레시안≫

| 효율성을 높이기 위해 형평성을 희생해야 한다면

2001년 5월 탄생한 일본의 고이즈미 정권은 2006년 9월까지 5년 5개월에 걸친 장기정권 중 '성역 없는 구조개혁'을 추진했다. 이를 한마디로 정리하자면 일본경제의 비효율적인 부분은 제거하고, 나머진 모두 효율적으로 전환하자는 뜻이다.

일반적으로 한 나라의 국민이 잘 사느냐 못 사느냐를 이야기할 때 흔히 우리는 GDP를 가지고 이야기한다. 일본의 경우 나라 전체의 노령화는 계속해서 진행 중이고, 전체 인구는 감소하고 있다. 따라서 1인당 GDP에 큰 변화가 없다면, 인구의 감소에 따라 GDP가 줄어들 것은 확실한 일이다. 즉 지속적인 경제성장의 열쇠는 국민 1인당 GDP를 얼마나 끌어 올리느냐에 달려있다. 다시 말해 생산성 향상을 저해하는 제도적인 장치들을 하나씩 제거해 경제 전반의 생산성을 오르기 쉬운 체질로 개조하고자 하는 것, 이것이 고이즈미 정권에서 목표로 한 구조개혁의 정체다.

개혁을 위해 일본 고이즈미 수상이 밝힌 세 가지 경제, 재정구조 개혁의 구체적인 내용은 불량채권의 최종처리, 재정구조개혁, 경쟁적인 경제시스템의 정비였다. 그리고 이러한 구조개혁을 추진해 나가는 과정에서 가장 중요하게 생각된 것은 기업에 대한 각종 규제 완화와 민영화 추진이었다. 즉 생산성이 낮고 비효율적인 기업은 시장으로부터 자연히 도태되는 구조를 만드는 것이 목표다. 물론 개혁을 추진하다 보면 원래의 목적대로 생산성이 낮은 기업은 도산하게 된다. 그리고 그와 함께 대량의 실업자가 발생하기 때문에 구조개혁의 과정에서는 상당한 통증이 수반되는 것도 사실이다.

하지만 생산성이 낮은 기업이 도산해 대량의 실업자가 발생한다 해도 기업에 대한 규제를 완화한 만큼 생산성이 향상되는 기업 역시 늘어나게 되므로 이들은 꾸준히 몸집을 불려 새로운 인력을 고용하게 되고, 결과적으로는 비효율적인 기업에서 효율적인 기업으로 노동력 대이동이 일어나게 된다. 즉 이렇게 일련의 개혁이 완료되면 일본의 경제는 효율적인 구조로 다시 태어나 높은 국제경쟁력을 지니게 된다는 것이 고이즈미 정권이 그린 장밋빛 시나리오였다.

물론 고이즈미 정권이 실시한 개혁으로 불량채권 문제는 해결되었다. 거액의 재정적자와 채무 잔액은 여전히 남아있지만, 적어도 정부의 재정적자가 커지는 상황은 면할 수 있었다. 침체되어 있던 경기도 회복궤도에 올라 경제성장률도 높아지고 있기 때문에 눈에 보이는 경제의 긍정적인 지표들만을 보고 있자면, 고이즈미 정권의 개혁은 어느 정도 성공을 거둔 것처럼 보이기도 한다. 그러나 이 구조개혁 시나리오에는 전혀 고려되고 있지 않은 부분이 있다. 바로 사회의 형평성 유지라는 차원이다.

경제학 세계에서는 이미 널리 알려져 있는 사실이지만, 효율성과 형평성은 어느 한쪽을 더 중요하게 여길 경우 다른 한쪽을 희생시키게 되는 결과를 낳는다. 즉 지금까지 고이즈미 정권이 추진해왔던 구조개혁 노선은 효율성을 우선시하는 입장으로, 우선적인 발전을 위해서는 형평성을 다소 희생하더라도 어쩔 수 없다는 생각에 따른 것이었다. 재정지출을 줄이고 가능한 한 시장에 간섭하지 않는 '작은 정부'를 만들고자 하는 것이 고이즈미 정권의 기본 방향이기 때문에 정부가 사회·경제적 약자를 구제할 수 있는 범위도 작아지게 되는 것은 어쩔 수 없는 결과가 된다.

일본 사회에서 벌어지고 있는 양극화 현상은 이와 같은 정부의 정책 방침과 무관하지 않다. 능력이 있고 경쟁력을 갖춘 기업 또는 인력은 그만큼 큰 보상을 받게 되지만, 그렇지 못한 기업이나 인력은 경쟁에서 도태되어 도산하거나 실업 상태에 빠지는 것이다.

공정한 경쟁이 이루어지고 고소득층이 늘어나는 것은 바람직한 일이지만, 그 와중에 치열한 경쟁에서 살아남지 못한 사람들이 점점 더 가난해지고, 마침내 굶어 죽을 지경에 이르기까지 도와주지 않는 것이 이 사회가 가야 할 방향이라고 말할 수 있을까? 기업은 효율성을 높이기 위해 비정규직을 늘리고, 몇 달, 혹은 몇 년이라는 편리한 기간대로 사람을 고용하고 또 해고할 수 있다. 이럴 때 정부가 작은 정부임을 내세워 사회적 약자에게 줄 도움을 최소한으로 유지하는 것은 과연 옳은 일일까?

더 큰 부자가 되는 중산층보다 더 많이 가난해지는 중산층이 늘어나고 있다. 사회에 가난한 사람의 비율이 늘어나면 그만큼 소비가 억제되기 때문에 중장기적인 경제성장을 유지할 수 없게 된다. 빈부격차로 인해 사회적 불안도 심각해지고 세금 거두기도 어려워진다. 이는 곧 눈앞의 성장곡선만 따라가서는 좋은 사회가 되기 어렵다는 뜻이다.

일회성의 저렴한 노동력, 외국인 노동자

여수외국인보호소 화재참사 공동대책위원회 회원과 외국인 노동자 등 5백여 명(경찰 추산)은 이날 오후 서울역 추모제를 마치고 청계천 열린광장까지 보도로 행진. 남대문 부근에서 차도로 진입하려다 이를 막는 경찰과 대치했다.

≪2007년 2월 연합뉴스≫

│ 외국인 노동자가 늘어나면 우리의 일자리도 줄어든다.

2005년, 일본의 인구는 감소세로 돌아섰다. 원인은 전쟁이나 전염병, 기근과 같은 재난이 아니라 순전히 출산율 저하로 인한 것이었다. 그런데 이 추세는 앞으로 더욱 심각해질 것으로 예상된다. 여성이나 고령자의 취업을 늘리는 것으로(2007년 일본은 정년퇴직의 연령을 70세로 연장하고, 노동력 부족에 대응하기 위해 정년 퇴직자를 재고용하는 방법을 채택했다) 어느 정도까지는 노동인구를 유지할 수 있겠지만 인구 자체가 줄어드는 상황에서는 이런 방법도 머지않아 한계를 맞게 된다.

2006년, 유엔 인구국(UNPD)의 발표에 따르면 세계 인구는 현재 6십7억 명이지만 2050년에는 9십2억 명으로 늘어날 것이라고 한다. 하지만 안타깝게도 이러한 세계 인구의 증가는 대부분 저개발국가에서 일어나는 것으로 정작 문제가 되는 것은 선진국의 고령화와 인구감소다. 선진국의 인구는 2050년까지 1십2억 명으로 제자리를 지킬 것으로 예상되는데, 이 예측은 매년 2백 3십만 명의 인구가 저개발국가에서 이민 등의 형태로 유입될 것을 감안한 결과다. 즉 이민을 고려하지 않는다면 선진국의 인구는 2025년 이후부터 꾸준히 감소할 것이고, 현재 미국 외의 여러 나라에서는 이미 이러한 감소세가 시작되었다.

일본이 노동인구를 계속 유지하기 위해 취할 수 있는 가장 좋은 방법은 이민을 받아들여 외국인 노동자를 적극적으로 수용하는 것이다. 그러나 현행법은 외국인 노동자에게 까다로운 시어머니 같다. 외국인 노동자라 하더라도 4년제 대학 이상의 학력을 가지고 있어야 하며, 우수한 기능 또는 지식을 갖춘 엔지니어로 일본에서 요청하고 있는 기타 세부조건들까지 모두 갖춰야만 일본에 머무를 수 있기 때문이다. 따라서 이 외의 단순노동을 목적으로 한 외국인의 입국 및 체재는 전혀 인정하려 하지 않는 일본은 이제 생각을 바꿀 필요가 있다.

일본에 정작 필요한 노동자는 단순노동자다. 현재 일본의 내국인들은 더 이상 어렵고, 더럽고, 위험한 일, 3D업종에 종사하려 하지 않는다. 일본은 향후 단순노동자에 대해서도 점차 문호를 개방해 직종에 관계없이 합법적인 이민을 늘리는 방향으로 나가야 한다. 하지만 이민을 통해 국내의 노동력 부족을 해소하려다 보면 커다란 장벽에 부딪치게 되는데 그것은 바로 '그들(외국인 노동자)'이 '우리(내국인)'의 일자리를 빼앗고 있으며, '그들' 때문에 '우리'의 처우가 더 나아지지는 않을 거라는 심리다.

외국인 노동자가 일본의 노동시장에 참가한다는 것은 일본의 기업에게 있어서는 매우 환영할만한 일이다. 외국인 노동자가 늘어난다는 것은 언제라도 일회성으로 사용할 수 있는 저렴한 노동력을 대량으로 확보할 수 있다는 것을 의미하기 때문이다. 게다가 외국인 노동자의 입장에서는 일본에서 비록 최저임금을 받고 일한다 해도 그 금액이 충분히 매력적이기 때문에 밀입국을 해서라도 일본에서 일하고 싶어 하는 외국인 노동자는 지금보다 더 늘어날 것이 분명해진다.

문제점은 외국인 노동자가 늘어날 경우 일본의 비정규직에 종사하는 이들의 소득수준 또한 영원히 낮은 상태로 억제될 가능성이 높아진다는 것이다.

다시 말해 급여를 올려 달라는 비정규직 종사자보다는 차라리 더 싼 값에 쓸 수 있는 외국인 노동자가 낫다고 생각할 것이기 때문이다. 따라서 일본은 노동력 확충을 위해 외국인 노동자의 대폭적인 이민을 수용하기 전, 국내의 워킹푸어 지원에 대한 논의를 먼저 해야 할 것으로 보인다.

일자리 나누기

2004년 인천 및 아산 등지의 공장을 통합하면서 종업원 3백6명 중 5십여 명의 여유 인력이 발생해 고심하던 락앤락은 정리해고 등의 손쉬운 방법 대신 근무 조 개편을 단행했다. 기존의 2조 주야 맞교대 방식을 버리고, 종업원들을 3개 조로 나누어 각각 4일 동안 12시간씩 근무하고 이틀간 쉬게 했다.

≪2007년 6월 한겨레≫

| 미련 없이 자를 것인가, 고용은 유지하되 임금을 깎을 것인가?

전체 노동자 중 정규직이 차지하는 비율은 점점 더 낮아지고 있다. 이에 일본에서는 유럽과 같은 '워크 쉐어링(Work Sharing)' 정책을 도입하고자 하는 움직임이 나타나고 있는데 워크 쉐어링이라는 말은 일자리 나누기를 의미한다.

워크 쉐어링이란, 예를 들면 지금까지 3명의 정규직이 하던 일을 4명이 하도록 나누는 것이다. 즉 1인당 부담하던 노동시간을 줄이고 업무를 분담해 3명을 고용하는 대신 4명을 고용하는 것으로 남은 인력 어느 한 명을 대상으로 하는 구조조정 대신 모든 인원이 시간을 감축해 다 함께 일할 수 있게 하는 정책이다.

물론 반대 의견도 있다. 1인당 부담하던 노동시간이 8시간에서 6시간으로 단축된다는 것은 그만큼 급여의 수준도 낮아진다는 뜻이기 때문이다. 워크 쉐어링 본래의 취지는 현재 정규직으로 일하고 있는 사람의 임금수준을 조금 떨어뜨리더라도 구조조정을 피하고 실업 위기에 처한 사람을 구하려는 것이다. 그러나 이러한 정책은 과연 얼마나 제대로 실행될 수 있는 걸까?

현재 일본의 기업 대부분은 심각한 가격 경쟁에 직면해 있다. 제품의 가격을 낮추다 보면 매출액이 줄어들기 때문에 각 기업은 수익 확보를 위해서라도 비용의 대부분을 차지하는 총 인건비를 삭감하지 않으면 안 되는 상황이다. 그런데 이러한 상황에서 정부가 내세운 '고용의 유지와 창출을 목적으로 한 노동시간 단축'은 얼마나 실현될 수 있는 것일까? 대부분의 기업은 정부가 정의하는 워크 쉐어링의 취지와는 달리 신규 고용창출은 무시하고 노동시간 억제 효과만을 노려 워크 쉐어링을 도입하려는 움직임을 보이고 있다.

기업 자체의 편의에 맞춘 명목상의 워크 쉐어링, 당연히 실업률은 줄지 않을 것이며 기존의 정규직들은 노동시간 단축에 수반되는 수입 저하에 직면하게 되는 현실. 줄어든 급여를 보충하기 위해 남은 시간을 이용한 부업하는 정규직이 우리 미래의 모습이지는 않을까?

현재 대부분의 기업들은 직장인들의 부업을 금지하는 사내 규정을 두고 있다. 그러나 기업의 입맛에만 맞춘 워크 쉐어링이 도입된다면 그동안 비밀리에 이루어져 왔던 정규직의 부업 현실은 수면 위로 떠올라 양성화 될 것이다.

최근 몇몇 기업들은 워크 쉐어링에 대비해 이중 취업을 공공연히 인정하고 있다. 이는 기업의 입장에서도 직원의 잔업을 인정하지 않고 사정상 이전보다 적은 급여를 지급하게 되는 것에 대해 일말의 책임의식을 가지고 있기 때문이다. 물론 다른 기업에서 직원의 부업을 인정해 주는 경우가 늘어나니 눈치를 보다 그 분위기를 따라가는 기업도 있다.

근로자의 입장에서 보면 사실상 퇴근 후 부업을 해서는 안 된다는 기업의 생각은 받아들이기 힘들다. 회사의 규정대로라면 직원은 지금 다니고 있는 하나의 회사에서만 일해야 한다. 하지만 회사에서 잘리고 나면 당장 먹고 살 길이 막막해지는 건 일하는 사람의 책임이다. 요즘 같은 어려운 세상에 언제 망

할지, 언제 문을 닫을지도 모르는 회사를 얼마나 신뢰할 수 있을까.

일본의 예전 정책처럼 종신고용이 보장되는 시대라면 회사가 부업을 금지하고 직원이 하나의 회사에서 열심히 일한다는 것은 당연한 일이다. 하지만 대기업의 도산이나 구조조정이 당연하게 발생하고 있는 지금, 근로자에게 부업이라는 것은 인생에 있어 현명한 분산 투자가 되는 현실이다.

최저임금 재검토

2004년 9월부터 올해 8월까지 적용되는 법정 최저임금은 월 5십9만 3천5백6십 원(주 40시간 기준·시급 2천8백4십 원)이다. 이 금액은 2004년 전체 노동자 정액급여(1백6십2만 원·상여금 제외)의 36.6%, 임금총액(2백1십8만 원)의 27.1%에 불과하다.

≪2005년 3월 한겨레≫

│ 2007년 한국, 시간당 최저임금 3천4백8십 원,
8시간 최저일급 2만7천8백4십 원

최저임금이란, 기업이 인력을 고용할 때 지급해야 하는 최소한의 금액이다. 그러나 현재 노동자의 최저임금으로 책정된 금액은 너무 낮아 실제로는 생활이 어렵다고 지적하는 목소리가 강해지고 있다. 물론 이 최저임금을 큰 폭으로 끌어올리는 것은 워킹푸어 문제를 해결하는 데 있어 매우 중요하다.

다음은 실제로 있었던 사례다. 일본의 경우 아오모리 현의 최저임금은 2005년을 기준으로 시급 6백8엔(원화 약 4천8백 원)이었다(일본의 최저임금은 지역마다 다르다). 2006년 6월 아오모리 현의 노동총연합과 아오모리 파트·임시노조연합회는 노동자가 받는 최저임금으로 실제 어느 정도 수준의 생활을 할 수 있는지 알아보기 위해 최저임금 생활체험을 실시했다.

최저임금 생활체험은 최저임금을 기준으로 한 시급으로 1일 8시간, 22일간 일한다는 가정 하에 실시됐으며, 월수입은 약 1십만 7천 엔(원화 약 8십5만 원)이었다. 이 체험에는 14명이 참가했으며 체험결과 세금이나 자동차 기름값, 광열비 등을 빼면 정작 식비로 사용할 수 있는 돈은 하루 1천 엔(원화 약 8천 원) 정도라는 사실을 알게 되었다. 게다가 여기에 예상외의 지출이 하나라도 발생한다면 어디서 더 아낄 것도 없이 생활은 어긋나버렸다.

생활체험이 끝난 후 체험자 14명은 하나같이 너무나 빠듯한 생활로 심한 스트레스에 시달렸다는 사실과 체험기간이 1개월로 한정되어 있다는 게 천만다행이라는 결론을 내놓았다.

2006년 일본은 경기 회복 등을 고려해 모든 지역에서 최저임금을 인상하는 정책을 실시했다. 하지만 그 인상폭은 고작 수십 엔 정도에 불과했으며 최근

현 아베 수상은 고이즈미 전 수상이 추진한 개혁의 폐해를 인식하고 이를 개선하기 위한 정책을 발표하고 있다. 구조개혁 과정에서 실업 등으로 양산된 사회적 약자를 지원하고 사회보장 제도를 안정적으로 유지하기 위해 연금, 의료 등의 관련 제도를 전면 손질한다는 내용이다.

현재 일본의 최저임금은 미국 등 타 선진국과 비교해 매우 낮은 수준이다. 따라서 워킹푸어의 확대와 같은 현상을 억제하기 위해서는 무엇보다 최저임금을 근본적으로 재검토할 필요가 있음을 깨달아야 한다.

비정규직에서 정규직으로 가는 문

도요타자동차 노조는 일본 내 12개의 공장에서 일하는 비정규직 약 9천 명 중 3분의 1인 3천여 명을 정식 조합원으로 받아들여 이들의 근로조건 개선을 회사 측과 협의하기로 했다. 회사 측도 이들 비정규직의 근로조건을 정규직 수준으로 끌어올리는 것을 전향적으로 검토키로 했다.

≪2007년 10월 한국경제≫

| 정규직화해야 한다면 차라리 파견직이나 외주용역으로 전환하겠다

자본주의 경제 시스템에서 국민 한 사람 한 사람의 소득에 차이가 생기는 것은 당연한 결과이다. 따라서 소득격차가 존재하기 때문에 그 사회는 불평등하다고 말할 수 없다.

국가 안의 개개인, 그 능력은 천차만별이다. 따라서 각각의 능력에 따라 임금이 지급되는 구조는 기회가 평등하게 부여되고 있다는 의미에서 형평성을 전제로 삼고 있다. 모든 기회는 평등하게 주어지지만 그 결과가 불평등한 것은 개개인의 능력에 차이가 있는 이상 어쩔 수 없다는 것이다.

문제는 능력이 있는데도 불구하고 그것이 사회에서 제대로 평가되지 못해 능력에 맞는 임금을 받지 못하는 사람들이 늘어난다는 것이다. 그리고 현재 일본을 비롯한 한국은 이러한 상황과 맞닥뜨리고 있다. 이는 철저한 자본주의 사회에서 기업이 오로지 이윤의 극대화만을 생각해 인건비 상승을 최대한 억제하려는 데서 그 원인을 찾을 수 있다.

기업에 있어 인건비 부담을 줄인다는 것은 결국 정규직의 수를 줄이고 아르바이트나 파트타임, 파견사원 등 비정규직 수를 늘리는 것이다. 현재 일본 노동자의 40%가 비정규직으로 일하고 있는 현실 속에서 이들 비정규직의 대부분은 업무에 있어 공정하게 능력을 평가받을 기회조차 부여받지 못하고 있다. 그들은 기업에 있어 단순히 '시급 얼마'로 표현되는 존재일 뿐이며, 이렇게 고정된 시급은 노동자가 일을 잘하건 못하건 크게 변하지 않는다.

비정규직의 급여가 오른다면 그것은 대개 능력으로 인한 것이 아니라 근무시간이 그만큼 길어졌다는 의미로 기계적인 상승이다. 비정규직은 직종이나 업무 내용이 정규직과 같더라도 정규직 수준의 급여나 대우를 받을 수 없다.

또한 비정규직은 고용상태가 안정적으로 오랫동안 이루어진다는 보장이 없기 때문에 언제나 미래에 대한 불안을 안고 생활해야 한다.

결국 비정규직은 아무리 노력하고, 열심히 일한다 해도 어쩔 수 없는 비정규직일 뿐이라는 한계에 부딪치게 되는 것이다. 이렇듯 정규직과 비정규직의 불평등은 능력 차이로 발생하는 것이 아니기 때문에 기회 자체의 불평등이라는 문제는 비정규직의 업무 의욕까지 상실하게 만든다.

현재 한국을 비롯한 일본의 기업은 비정규직에서 정규직으로 갈 수 있는 길을 개방해야 하는 입장에 서 있음에도 제대로 된 실천을 하지 않고 있다. 실제로 비정규직자 중에는 정규직을 뛰어넘는 패기와 능력을 갖고 있는 사람이 상당수이며, 정규직보다 오히려 나은 역량을 보여주고 있다. 하지만 기업은 그가 처음부터 비정규직으로 입사했다는 사실 하나로 정당한 평가를 내리지 않는다. 물론 이런 결과는 기업의 입장에서도 매우 큰 손실이 되는 것은 분명한 일이다.

기회의 불평등을 최대한 없애야 결과의 불평등을 받아들일 수 있는 사회가 된다. 따라서 각각의 기업은 정규직, 비정규직 가릴 것 없이 직원에 대해 확실한 인사평가 시스템을 확립하고 능력이나 업무숙련도에 따라 비정규직에서 정규직으로 이동할 수 있는 유연한 체제를 구축해야 한다.

　일본 후생노동성은 2006년 6월 13일, 새로운 노동규칙 안을 제시했다. 이 안건은 비정규직의 처우개선을 목표로 하는 것으로 파견이나 파트타임 사원 중 고용계약이 1년 이상 경과 혹은 고용계약을 3회 이상 연속으로 갱신했을 경우, 본인의 희망여부에 따라 정규직으로 채용하도록 기업에게 의무화한 것이다(한국은 2년 계약 후 정규직화 해야 하며, 2007년 7월부터 2009년 7월까지 순차적으로 적용한다). 따라서 이 안건은 우리가 가장 큰 문제로 삼고 있는 워킹푸어 문제를 해결하는 데도 매우 유용한 방법이 되리라 믿는다.

　어떠한 문제를 해결하기 위해서는 현재 내가 직면한 문제가 무엇인지 하는 것을 선두로 그 심각성을 깨닫는 일이다. 그리고 구체적인 대책을 세우고 실천하는 일이야 말로 문제 해결의 중심이라 할 수 있다.

아이가 있는 이혼녀

| 35세(여), 회전초밥 아르바이트, 4년제 대학 졸업

   엄청나게 돈을 벌고 있는 사람에 비해 너무나 생활이 어려운 가난한 사람, 흔히 말하는 '격차'가 정말 심각하다는 것을 피부로 느낀다는 B씨는 다섯 살 된 아들이 있는 이혼녀다.

   B씨는 현재 아르바이트로 얻는 수입과 생활보호금액을 더한 금액으로 살아가고 있다. 그녀는 일주일에 4~5일을 회전초밥 식당에서 홀 서빙을 하고 있으며 다른 가족의 도움 없이 방 하나와 욕실하나가 있는 월세 7만 5천 엔(원

화 약 6십만 원)의 아파트에서 살고 있다.

B씨가 회전초밥 식당에서 아르바이트로 일한 것은 3년째로 오전 11시부터 오후 5시까지 근무하고 시급으로 9백2십 엔(원화 약 7천3백 원), 일주일에 4~5일을 출근하며 연간 1백6십만 엔(원화 약 1천2백8십만 원) 정도의 돈을 받는다. 점심은 일하는 식당에서 직원할인으로 하면 반값에 먹을 수 있기 때문에 되도록 다른 식당에서 음식을 사먹지 않는다.

그녀가 주로 하는 일은 고객이 먹은 회전초밥 접시를 세어 전표를 끊고, 금액대로 계산하여 고객에게 잔돈을 거슬러 주는 일이며, 가끔은 초밥을 만드는 경우도 있다. 물론 초밥 형태로 밥을 찍어주는 기계가 있기 때문에 비전문가인 그녀가 하는 일은 미리 잘라놓은 재료를 올리는 정도의 간단한 일이다. 식당의 규모는 정규직 직원 1명, 계약사원 7명, 아르바이트 4명이 고용되어 일하는 비교적 큰 편에 속한다. 아이 때문에 밤늦게까지 일할 수 없는 B씨를 제외하고는 모든 직원이 밤 11시까지 일한다.

B씨는 대학시절 일본 아이치 현의 현립대학 문학부에서 아동교육학을 전공했다. 집은 그런대로 형편이 괜찮았고, 아버지의 전근으로 집을 사기 이전에는 거의 3년마다 이사를 했었다. 그래서 초등학교도 각각 다른 학교를 3년씩

다녔다. 그녀는 초등학교 시절부터 주변 사람들에게 공부 잘하는 아이라는 소리를 들었고, 활발한 성격 탓에 중학교 때는 배구부 활동을 하기도 했다. 대학을 졸업한 후에는 교원자격까지 취득했지만 국가시험은 치르지 않았고 교사가 되는 길은 자연히 포기하게 되었다. 졸업 후 바로 공부를 시작했다면 합격할 확률은 지금보다 높았겠지만 이제 와 다시 공부를 시작한다는 건 엄두가나지 않는 일이다.

스물두 살이 되던 해 대학을 졸업한 B씨는 당시 도쿄로 이사한 애인을 따라 무작정 상경했다. 도시에 대한 동경도 없었고 도쿄로 갈 일 같은 건 전혀 없을 거라고 생각했던 그녀였지만 남자친구 덕분에 도시로 이사를 하게 된 셈이었다. B씨는 남자친구와 함께 살며 정규직으로 취업했다. 하지만 업무 내용에 흥미가 없어 결국 1년 만에 퇴사하고 작은 술집에서 아르바이트를 시작했다. 당시는 한참 경기가 좋았기 때문에 시급 2천8백 엔(원화 약 2만 2천 원)에서 금방 3천 엔(원화 약 2만 4천 원)을 받을 수 있었고, 스물세 살부터 스물다섯 살까지 2년을 일했다.

B씨는 술집에서 아르바이트를 하며 주 4일을 일했고, 돈 때문에 고민하지 않으며 아무런 계획 없이 그날그날을 살았다. 그리고 그만둔 후에는 도쿄 역내의 구내 음식점 주방, 주유소, 카페 등 여러 종류의 아르바이트를 했다. 꾸

준히 하진 못했지만…. 남자친구와는 헤어졌다 만났다를 계속 반복하다 그녀가 서른 살이 되던 해 임신을 계기로 결혼했다.

아이를 출산한 후 집에서 양육만 했던 그녀는 남편의 수입에만 의존할 수 없어 아이가 첫돌이 지나자마자 보육원에 아이를 맡기고 아르바이트를 시작했다. 당시 그녀의 남편은 건축현장에서 아르바이트를 하고 있었고 월급은 1십7~1십8만 엔(원화 약 1백4십만 원)이 전부였기 때문에 그녀는 자신도 일해야겠다는 생각을 했다. 물론 아르바이트였기 때문에 남편도 자신도 의료보험이나 연금 혜택은 받을 수 없었다.

B씨는 아이가 세 살이 되던 해 남편과 이혼했다. 이혼을 하게 된 가장 큰 이유는 남편의 가출이었다. 사실 그녀는 이혼하고 싶지 않았기 때문에 자주 밖으로 나가는 남편을 이해하고 불평도 하지 않았었다. 하지만 결국 남편은 집에다 생활비를 가져다주지 않았고 아이를 위해서라도 이혼을 선택해야 했다. 그녀의 남편은 가정이라는 울타리에 정착하기 보다는 떠돌아다니며 살길 원하는 자유주의자였다.

그녀는 아이와 살기 위해 이혼 직전 구청의 생활보호과에 상담을 신청했다. 그리고 이혼 후 1개월 만에 생활보호를 적용받았고 생활보호비로 매월 8~1십만 엔(원화 약 6십4만 원~8십만 원)을 받게 되었다. 현재 아르바이트를 하며 받는 돈까지 모두 합쳐 2십만 엔(원화 약 1백6십만 원) 정도. 정부의 정책에 따라 아르바이트를 해서 받는 돈이 늘어나면 생활보호비는 적어지고, 일해서 받는 돈이 적어지면 생활보호비는 조금 더 늘어 평균 20만 엔을 받는다. 즉 생활보호비를 받기 때문에 더 편한 생활이 되는 건 아니다. 게다가 자동차를 소유해서도 안 되고, 마음대로 이사를 할 수도 없으며 직업을 바꿀 때는 미리 구청에 신고를 해야 하는 까다로운 조건까지 붙기 때문에 자유가 없다. 사치 만 하지 않는다면 그럭저럭 살 수 있는 상황인 건 분명하지만….

현재 초밥 집에서 하는 아르바이트는 한 달 평균 11일 정도를 쉴 수 있다. 그리고 오후 5시에 업무를 마치면 자전거를 타고 보육원으로 가서 아이를 만난다. 맡기고 데려오는 일을 매일 반복하는 B씨. 아이가 맡겨진 보육원은 집 근처지만 매일 반복되는 과정은 결코 쉬운 일이 아니다. 아무리 익숙해진 일이라 해도…. 아이를 맡기는 민간보육원에 드는 비용은 1시간에 8백~1천 엔(원화 약 8천 원). 돈을 함부로 쓸 수 없는 그녀는 현재 아파져 오는 충치가 있지만 아직은 마음 편히 치과에 갈 수 없다.

이혼 후 힘든 생활 속에서 만족스러운 수입이 있는 것도 아니고, 생활보호에서 벗어날 수 있는 자유도 없지만 친정으로는 돌아갈 수 없다는 B씨는 기술을 익히고 싶어 한다. 일반 사무직부터 평소 관심이 있던 경락이나 간호 등 무슨 일이든 정규직으로 취직할 수 있기를 바라는 B씨. 물론 그러려면 컴퓨터 자격증부터 취득해야 한다. 아이를 데리고 이혼녀라는 이름으로 혼자 살아간다는 건 너무 힘든 일임에는 분명하지만 이혼한 후 오히려 겁이 없어졌다는 B씨는 생활보호를 받지 않고도 조금은 편하게 살 수 있는 세상이 오기를 간절히 바라고 있다.

스스로 노력하고 열심히 공부한다 해도 꿈이나 목표에 도달할 수 없는 모순…. 혹 운이 좋으면 부자가 될 수도 있지만, 행운만 따른다고 해서 모든 일이 다 해결되는 것은 아닌 현실. B씨는 온화한 분위기를 가진 평범한 주부처럼 보이지만 이혼 후 아이를 혼자 키우고 있는 이혼녀라는 이름의 워킹푸어다.

월세 4개월 밀렸더니 집 열쇠가 바뀌다

| 55세(남), 사무직, 전문대학 졸업

현재 작은 기업에서 파견사원으로 일하고 있는 55세의 N씨는 일본 도쿄 노숙자 지원책의 하나로 제공되고 있는 월 임대료 3천 엔(원화 약 2만 4천 원)의 아파트에서 혼자 살고 있다. N씨가 노숙자 지원책으로 제공된 아파트에 살게 된 것은 5년 전의 일로 월세가 4개월 밀린 후 현관 열쇠가 바뀌게 된 것이 계기였다.

월세가 4개월이나 밀리면서 집으로 돌아갈 때마다 늘 불안했던 N씨는 차라리 그렇게라도 쫓겨난 게 홀가분했다. 특별한 살림살이가 있었던 것도 아니고, 주인 마음대로 처분한다 해도 상관없다는 생각까지 했었으니까.

N씨는 거주하던 지역의 공업고등학교를 졸업한 후 전문대학의 전자과에 입학했다. 이후 학교에서 배운 지식을 살려 프로그래머가 된 N씨. 당시는 아폴로 11호가 달에 착륙할 무렵으로 세계 최초로 마이크로컴퓨터가 판매되고, 사무자동화라는 단어가 널리 퍼지던 1970년대의 고도성장기였다. N씨의 일은 쉴 새 없이 밀려들었고 10년 후 시스템 엔지니어(System Engineer)가 되었다.

시스템 엔지니어가 하는 일은 주어진 조건에 맞게 최적의 시스템 모델을 만드는 일이었다. 게다가 당시의 컴퓨터 업계에서는 정규직보다 계약직의 급여가 더 높았기 때문에 N씨 역시 기술로 승부하리라는 생각으로 계약사원으로 일했다. 1980년대 후반 N씨의 급여는 6십만 엔(원화 약 4백8십만 원), 연소득은 8백만 엔(원화 약 6천4백만 원)이었다.

N씨는 매일 밤 맛있는 음식을 먹고, 마셨다. 술집에서 동료들과 와자지껄 떠들며 스트레스를 푸는 일은 정말 신나는 일이었다. 그렇게 하룻밤에 쓰는 돈은 최고 3십만 엔(원화 2백4십만 원). 꽤 괜찮은 맨션에서 살며 갖고 싶은

물건은 마음껏 사들였다. 저축보다는 매일매일 즐겁게 사는 게 가장 행복하던 시절이었다.

거품 경제의 붕괴가 시작되며 컴퓨터 관련 업계 역시 분위기는 급변했다. 일의 양은 줄어들었으며, 회사는 정규직 사원을 지키기 위해 계약사원을 먼저 잘라냈다. 앞일을 예상했던 몇몇 사람들은 미리 고객을 확보해 독립했지만 N씨는 갑자기 닥친 변화를 전혀 읽지 못하고 속수무책으로 당했다.

일하고 있던 곳으로부터의 계약해지, 다른 회사로의 이직 역시 쉽지 않은 상황 속에서 N씨는 천직이라고 믿었던 시스템 엔지니어를 그만두었다. 대학을 졸업한 후 20년 가까이 쌓아왔던 경력이었지만 무너지는 거품 경제 앞에서는 어쩔 도리가 없었다.

생활비마저 막막해진 N씨는 차마 빚은 얻을 수 없어 경비원 일을 시작했다. 그리고 무언가에 억눌린 것처럼 답답한 마음을 풀기 위해 예전의 습관처럼 마셔댄 술은 그의 적은 수입을 감당하기 어려운 지경까지 몰고 갔고, 4개월 째 집세가 밀린 어느 날, 집에 돌아온 N씨의 열쇠로는 현관문이 열리지 않았다.

갑자기 집이 없어진 N씨는 노숙을 하게 되면서 경비원 일도 그만두었다. 다행이 주 1회 정도는 아르바이트를 하며 5~7천 엔(원화 약 4만 원~5만 6천 원)을 벌 수 있었지만 식사는 자원봉사자들이 길에서 주는 밥이나 동사무소에서 나누어 주는 딱딱한 건빵으로 때워야 했다. N씨는 그렇게 1년을 보냈다.

노숙생활이 1년 정도 지난 어느 날, N씨는 길거리에서 '빅 이슈 판매원 모집'이라고 적혀있는 전단지를 받게 되었다. 빅 이슈는 집 없는 사람들(노숙자)을 사회로 복귀시키기 위해 영국에서 처음 창립한 엔터테인먼트 잡지로 2003년 일본 오사카에서 일본어판 판매가 시작되었다. 즉 빅 이슈 잡지 판매원이 될 수 있는 것은 현역 노숙자로 한 권을 팔면 1백1십 엔(원화 약 8백 원) 정도의 돈을 벌 수 있는 일이었다.

사실 빅 이슈를 판매한다는 건 자신이 노숙자라는 사실을 사람들에게 광고하는 일이나 다름없었다. 분명 부끄럽기도 하고 선뜻 내키지 않는 일임에는 틀림없지만 당장 먹고 사는 게 우선이었던 N씨의 입장에서는 뭐든 일단 시작해야 했다. 게다가 잡지 판매원으로 등록하면 우선 10권의 잡지는 무료로 제공되기 때문에 처음 10권을 판매한 돈을 밑천으로 계속 잡지를 구입, 판매할 수 있었다.

N씨가 빅 이슈 잡지를 판매한 지 2년 째, 처음엔 하루 30권을 팔았고, 시간이 지나며 월 평균 1천 권에서 1천 2백 권을 팔았다. 수입은 1십만 엔~1십3만 엔(원화 약 8십만 원~1백4만 원). 매일매일 판매한 수량을 적고 매출을 늘리기 위해 나름대로의 방법을 꼼꼼히 수첩에 기록한 덕분이었다. 그렇게 2년 4개월 후 빅 이슈 잡지 판매를 그만 둔 N씨는 선불 아파트에 입주할 수 있었다. 길거리에서 다시 주소가 있는 생활로 돌아간 것이다.

다시 주소가 생기고, 재취업을 신중하게 생각했던 2005년 말, N씨는 빅 이슈를 팔았던 노숙자라는 딱지를 떼기 위해 도에서 소개해준 인재파견회사에 등록하고, 직접 발로 뛰어다니는 등 취업활동을 시작했다. 그리고 2006년 3월부터는 본격적으로 스무 곳 이상의 기업에 이력서를 접수했지만 N씨의 나이 때문에 쉽게 반겨주는 기업은 없었다. 의욕이나 신중함, 마음가짐 등을 아무리 강조해도 회사가 우선 보는 건 지원자의 나이였다. 젊은 인재만을 채용하려는 기업의 생각 때문에 면접조차 볼 수 있는 기회가 없었던 것이다. 그렇게 몇 개월이 흐른 후 N씨는 파견회사의 소개로 지금 일하는 사무직 파견업무를 하게 되었다. 하루 6시간 근무하고 받는 급여는 1십3만 엔(원화 약 1백4만 원).

일본 정부의 노숙자 지원책으로 제공되는 선불 아파트는 2004년 일본에서 시작된 지원 사업으로 월 3천 엔(원화 약 2만 4천 원)의 저렴한 비용으로 한 번 임차 시 3년까지만 살 수 있는 제도다. 현재 1,190명 정도가 이용하고 있으며 3년까지만 살 수 있는 규정에 따라 임차인은 그 3년 안에 보증금 및 이사 비용 등의 돈을 모아 다른 집을 얻어야 한다. 현재 이용하고 있는 사람에 비해 평균적으로 자립할 수 있는 능력을 가진 사람은 겨우 200명 정도에 불과하지만 N씨와 같은 사람에게는 안심하고 잠을 잘 수 있는, 열쇠가 있는 자기만의 집을 가질 수 있도록 해주는 고마운 제도다.

현재 55세, 당장 내일 그리고 미래가 보이지 않는 괴로운 현실을 살고 있지만 N씨에겐 불과 1년 전까지만 해도 세금이나 그동안 체납된 국민건강보험료를 내야겠다는 생각조차 하지 못했던 시간이 있었다. 그는 스스로 원해서 길거리로 나가는 게 아닌 이상, 노숙이라는 생활은 어쩔 수 없이 받아들여야하는 운명 같은 것이라 말한다. 물론 비참하다든지, 고생스럽다든지 하는 생각은 할 수 있지만 배고픈 사람이라면 무슨 일이든 하게 되고, 워킹푸어의 현실 역시 마찬가지가 아니겠냐고 하면서….

N씨는 노숙까지 해야 했던 상황 속에서 시스템 프로그래머로 일했던 젊은 시절의 금전감각은 무서울 만큼 아둔했었다는 사실에 깊이 반성하고 있었다. 매달 같은 돈이 통장에 들어오기 때문에 그대로 써버렸던 시절, 걷고 있을 땐

미처 알 수 없는 넘어진 자의 아픔. 노숙자가 된다는 건 지금까지 맺었던 사회와의 연결고리를 모두 끊고 다시 시작한다는 것과 같다. 물론 당시의 인간관계가 그저 하룻밤 즐기기 위한 술친구로 그치지 않았다면 그의 취직활동도 그렇게 어렵진 않았을 것이다.

워킹푸어란, 낭떠러지 끝에 서 있는 것과 같다고 말하는 N씨. 그가 거품 경기의 끝에서 미처 준비하지 못한 채 굴러 떨어진 바닥은 노숙자라는 이름이었다. 다행히 벼랑 끝에 빅 이슈 판매원이라는 작은 계단이 있었기에 긴급히 피난할 수 있었던 N씨. 그는 이미 떨어져 내렸지만 앞에 우뚝 서 있는 벼랑을 마저 기어오르기 위해 안간힘을 쓰고 있다. 그리고 이제야 가까스로 평지에 올라 서 있는 그는 등 뒤의 워킹푸어 낭떠러지를 잊지 않았다. 조금만 방심해도 언제든 다시 떨어질 수 있는 곳이니까.

N씨는 최근 저렴한 컴퓨터를 한 대 구입해 매일 만지작거리며 즐거운 시간을 보내고 있다. 컴퓨터 관련 업무로 복귀하고 싶은 생각은 있지만 55세의 직원을 선뜻 채용하는 곳도, 젊은 사람들과 경쟁할 만큼의 체력도, 시간도 없는 N씨. 현재 그는 맨션관리사와 관리업무 주임자라는 두 가지 국가자격에 흥미를 갖고 공부하고 있다.

연금을 받을 수 있는 65세까지는 어떻게든 일할 수밖에 없는 현실 속에서 가능하다면 6개월 단위의 파견계약이 아닌 오랫동안 일할 수 있는 직장을 찾고 싶다는 N씨. 그는 지금 가장 원하는 게 뭐냐는 질문에 다름 아닌 월 소득 2십만 엔(원화 약 1백6십만 원) 정도의 돈과 저녁 식사에 술을 한 잔 곁들이며 좋아하는 책을 읽을 수 있는 정도의 여유라고 말한다. 그리고 불안에 떨지 않아도 되는 고용정책과 든든한 직장. 전혀 사치스러울 것도 없는 이 소박한 바람이 언제쯤 이루어질지는 의문이지만….

일은 하고 있으나 끊임없이 가난에 허덕이는 사람들이 있다. 그들은 밤낮을 가리지 않고 뼈 빠지게 일을 하지만 쉽게 끝나지 않을 가난과의 사투로 하루하루를 힘겹게 버텨내고 있다. 바로 이들이 이 책에서 말하고 있는 '워킹푸어' 다.

최근 우리나라 경제의 최대 화두는 '실업문제' 다. 2008년 2월, 새 정부가 출범함에 따라 대부분의 국민들은 CEO 대통령이 취임하니까 경제가 살아나고, 일자리가 늘어나 사람 살만한 세상이 될 것이라는 기대를 품고 있다.

이를 반증하듯 최근에는 새 정부 출범을 앞두고 주요 그룹사를 비롯한 대기업 중심의 투자가 늘어날 것이라는 보도가 잇따르고 있으며, 어떤 방법으로 대기업들이 채용을 늘릴지에 대해 많은 관심이 집중되고 있다.

지난 2007년 우리나라의 실업(일주일 근무시간 15시간 이하)율은 3.2%(7십8만 명)였다. 이는 유럽(10%)에 비하면 아직은 낮은 수치지만 속내를 들여다보면 많이 다르다는 것을 알 수 있다.

실제로 통계청에 따르면 지난해 국내 비경제활동인구 1천4백9십5만 4천 명 가운데 일할 능력은 있지만 구직활동을 하지 않고 있는 실업자는 무려 2백7만 7천 명에 달했다. 이는 공식 발표된 실업자의 3배나 되는 큰 수치다.

　물론 구직활동을 하지도 않고 집안일도 돕지 않는다는 점에서 이들은 일반 실업자나 가정주부와는 다르다. 이들은 임시직인 아르바이트조차도 꺼린다. 하지만 입맛에 맞는 일자리가 나타나면 언제든 달려들 능력과 의지가 있는 사람들임에는 분명하다.

　한마디로 자신의 눈높이에 맞는 일자리가 없어서, 취업할 회사를 고르고 있는 중이기 때문에 쉽게 취직할 수 없으니 그냥 놀면서 시간을 보내는 것이다. 그래서 경제력 있는 가족, 친지의 도움을 받거나 그동안 자신이 벌어놓았던 돈을 쓰며 생활하는 경우가 대부분이다.

　일본의 경우, 우리나라와 비슷한 부류로 '단카이(團塊 : 1971~1974년 출생한 베이비붐 세대를 지칭) 주니어' 세대를 꼽을 수 있다. 이 세대는 충분한 학력과 능력을 갖고 있지만 일할 의욕, 성공하고자 하는 의지가 박약한 세대로 묘사되고 있다.

　실업에 있어 우리나라와 일본이 다른 점은 우리는 '노동시장의 수급이 맞지 않아 발생하는 실업'이라면 일본은 '일과 삶에 대한 가치관 자체가 완전히 다른 세대가 만들어내는 사회 현상'이라는 것이다.

　비단 실업문제만이 아니다. 노동시장이 세분화되면서 열심히 일을 해도 항상 배고픈 시대로 돌입했고, 같을 일을 하면서도 '정규직'과 '비정규직'으로 나뉘는 세상은 급여마저 달리 받게 만들었다. 또 생활수준이 높아지면서 수입 중 식재료비에 사용되는 금액의 비율인 엥겔계수 못지않게 문화·외식비용이 증가하고, 주택 사용료 등의 부담 역시 늘어나며 저축은 꿈도 못 꾸고 생활비로 거의 모두를 소진해 버리는 상황이 빈번해지고 있다.

　이 책의 저자인 카도쿠라 다카시(門倉貴史)는 '워킹푸어' 문제를 해결하기 위해서는 가장 먼저 비정규직의 정규직 전환 기회 확대, 두 번째로 워크 쉐어링 정책 추진, 세 번째로 합리적인 세제정책 구축이 필요하며, 특히 정부 차원의 구체적인 정책 검토와 추진이 필요하다고 지적했다.

　내 자신이 '워킹푸어'가 되지 않기 위해서는 우선 '워킹푸어'의 의미를 정확히 파악해야 한다. 그리고 왜 '워킹푸어'가 됐는지, 그들이 지금 어떤 문제에 직면해 있는지를 알아본 후 문제 해결의 방법을 찾아 정상적인 삶으로 돌아갈 수 있는 방법을 찾아야 한다. 만약 당신이 '워킹푸어'라면 단지 나와 같은 상황에 처한 사람이 많다는 사실에 안주하는 대신 훨씬 더 적극적으로 문제 해결을 위해 나서야 할 것이다.

이제 '워킹푸어'는 일본이나 미국 등 다른 선진국, 남의 이야기가 아니다. 우리나라의 현실로 도래했기 때문이다.

처음 이 책의 번역을 맡았을 때, 나는 솔직히 '열심히 일을 하는데도 불구하고 가난에서 벗어나지 못한다'는 사실이 잘 이해되지 않았다. 한 때 우리나라를 뜨겁게 달궜던 일명 '된장녀, 된장남'이 아닌 이상, 일을 해서 돈을 버는데도 '빈곤층'에서 빠져나올 수 없다는 것이 더 이상하다고 생각했기 때문이다.

그렇다. 나는 지금까지 큰 고생도, 살아가기 위해 힘든 고민을 하지 않아도 될만큼 너무나 행복하고 순탄한 삶을 살아왔다. 그래서 이 책에서 소개하고 있는 '워킹푸어' 상황에 처한 이들의 입장이 쉽게 이해되지 않았던 것이다.

아주 유복한, 돈이 넘쳐나는 가정도 아니었지만 우리 삼남매를 위해 허리띠를 졸라매며 당신들은 힘들더라도 우리에겐 어렵다는 사실을 전혀 느끼지 못하게 하신 부모님. 바로 그분들 덕분이었던 것이다. 이 자리를 빌려 두 분께 진심으로 감사하다는 마음을 전하고 싶다.

벌어들이는 수입이 적다고, 가난하다고 모두 불행한 것은 아니다. 반대로 지금 가진 돈이 많다고 행복한 것도 아니다. 하지만 사랑하는 가족에게 가난을, 고단한 삶을 대물림 하지 않기 위해서는 자신이 처한 상황에서 최선의 노력은 해야 할 것이다.

가난한 사람이 늘어나면 그만큼 국가 전체의 개인소비가 줄어들고, 그 결과 '워킹푸어'가 증가한다. 생활이 불안정한 '워킹푸어'는 결혼을 해도 가정을 꾸리기 힘든 현실. '워킹푸어'가 증가하면 세금을 걷어야 하는 국가 역시 재정적 어려움을 겪게 되고, 이는 곧 국가경제의 위기를 초래하게 된다.

국가적인 문제는 나중으로 미루자! 지금 우리가 최우선으로 생각해야 할 사항은 바로 나, 내 자신이고 우리 가족이 행복하게 살 수 있는 방법을 모색하는 일이니까….

마지막으로 뇌출혈로 병상에 누워 계시는 아버지와 병간호를 하고 계시는 어머니께 가난을 모르고 살게 해주셔서, '워킹푸어'가 되지 않게 해주셔서, 자식의 미래를 위해 유학 뒷바라지를 해주셔서 진심으로 감사하고 사랑한다는 말을 전하고 싶다.

2008년 2월 옮긴이 이동화

THE 워킹푸어
WORKING
POOR

지은이 | 카도쿠라 다카시
옮긴이 | 이동화
펴낸이 | 김원중

편   집 | 손지연
디 자 인 | 옥미향
마 케 팅 | 김재국, 정용범
제   작 | 유현미

초판인쇄 | 2008년 2월 25일
초판발행 | 2008년 2월 29일

출판등록 | 제301-1991-6호(1991.7.16)

펴 낸 곳 | (주)상상나무
          도서출판 상상예찬
주   소 | 서울시 마포구 상수동 324-11
전   화 | (02)325-5191 팩   스 | (02)325-5008
홈페이지 | http://smbooks.com

ISBN 978-89-86089-15-8 03320

값 8,500원

*잘못된 책은 바꾸어 드립니다.
*본문에 실려있는 글은 저작권 보호를 받는 저작물이므로
 출판사의 허락없이 무단 복제할 수 없습니다.